北京市社会科学界联合会
北京市哲学社会科学规划办公室社会组织资助项目

学习观初探

周之良 ◎ 著

首都经济贸易大学出版社
Capital University of Economics and Business Press
·北京·

图书在版编目（CIP）数据

学习观初探/周之良著. --北京：首都经济贸易
大学出版社，2024.1
ISBN 978-7-5638-3446-4

Ⅰ．①学… Ⅱ．①周… Ⅲ．①学习方法 Ⅳ．①G791

中国版本图书馆 CIP 数据核字（2022）第 211857 号

学习观初探

XUEXIGUAN CHUTAN

周之良 著

责任编辑 晓 地

封面设计 砚祥志远·激光照排
TEL: 010-65976003

出版发行 首都经济贸易大学出版社

地 址 北京市朝阳区红庙（邮编 100026）

电 话 (010) 65976483 65065761 65071505（传真）

网 址 http://www.sjmcb.cueb.edu.cn

经 销 全国新华书店

照 排 北京砚祥志远激光照排技术有限公司

印 刷 北京九州迅驰传媒文化有限公司

成品尺寸 170 毫米×240 毫米 1/16

字 数 199 千字

印 张 10.75

版 次 2024 年 1 月第 1 版

印 次 2024 年 1 月第 1 次印刷

书 号 ISBN 978-7-5638-3446-4

定 价 45.00 元

前　言

　　大兴学习之风，建设学习型政党、学习大国，是加强党的建设和提升全民素质的重要战略举措。习近平总书记说："实现中华民族伟大复兴的中国梦，就必须更加崇尚学习、积极改造学习、持续深化学习。"我们要认真领会习近平总书记有关学习的重要论述的深刻含义，并努力把学习落实到位。

　　中国应有自己的学习学。

　　中华民族有崇智尚学的优良传统，治学经验丰富，代代相传，英才辈出。但是近些年来，学界有关学习的论著似乎对此很少关注。"言必称希腊"之风在蔓延，外国某些关于学习的观点，在中国热的程度已经超过作者所在的国家，可是指导实践的效果如何就很难说了。我们不能"排外"，但也不应"排中"吧！总结改革开放之经验，坚持独立自主，博采众长，取其精华，弃其糟粕才是正道。

　　我在学校工作了几十年，漫步学海之滨，寻寻觅觅，深感学习确是一门科学，探究有中国特色的学习学乃是推进教育改革与发展，建设学习强国之基础工程，但是这很不容易。我在学习科学学会的众多学习科学爱好者的鼓励下，为此做了一些准备工作。学习中国历代论学名篇，是基础的基础；然后对为何学习、如何学习、如何变革教学方式进行了一些探索。写这本小册子，只是想提供一些资料和初步想法，希望能有更多的同行一起来研究中国的学习理论，为教改与"学改"注入活力，也希望能有助于学习者形成适合自己的学习观。

　　如果有识之士能够创立中国特色的学习学，我建议要在研究学习的方法、认知特点的同时，更要研究人——学习者，研究人的学习文化。

　　岁月无情催人老，但学习使我依然年轻，对新版学习学充满期待。

1

目录
CONTENTS

上篇　中国论学名篇学习笔记

下篇　学习观之我见

中国论学名篇学习笔记

荀子《劝学》读书笔记

《荀子》共三十二篇，首篇名为《劝学》。劝学是中华民族的优秀传统。《论语》《孟子》都对学习有过重要论述，但都是语录体。以劝学为题、对学习进行全面论述的论文，当始于荀子。荀子一生曾三次担任齐国稷下学宫的祭酒，两度出任楚兰陵令，并在此收徒授业，具有丰富的治学经验。

《劝学》对学习的意义、学习的态度、学习的方法等做了全面论述，可以说是中国学习科学的奠基之作。我无力对此文进行全面的解读，这里只是记录了自己学习的点滴体会。

一、人为何要学习

《劝学》开篇的第一句话点出主题："君子曰：学不可以已。"意思是说，学习是永远不可停止的。为什么呢？荀子并未直接回答，而是运用比喻来以事论理。

其一，青与蓝、冰与水。"青，取之于蓝，而青于蓝；冰，水为之，而寒于水"，说明学习有促进人的发展的功能，发展的高端就是超越、创新。后来"青出于蓝而胜于蓝"成为鼓励进步、勇于创新的成语，代代相传。

其二，木材与车轮。木材制作成为车轮，"虽有槁暴，不复挺者"，即使风吹日晒，也不可能再恢复挺直。说明学习有塑造的功能。学习不只是要增长知识，而是重在塑造优良品质，使人经受考验，永不褪色。

其三，木直与金利。"木受绳则直，金就砺则利"，木材经过墨线的度量进行加工就可取直；金属制品在石上研磨便能锋利。说明学习有修炼的功能，要遵守道德准则，修身养性，革除陋习，使人日臻完美，刚健有为。

结论是："君子博学而日参省乎己，则知明而行无过矣。"大意是说，君子广泛地学习，经常地反省自己，就能看得清，行得正，没有过失了。

这个道理适用于所有的人。因为，人之初都是相同的，长大之后形成差异，皆是教育与学习的结果。用荀子的话说，就是"生而同声，长而异俗，教使之然也"。荀子的观点寓意深刻。梁启雄曾经对此评论说："喻人之才质，非由先天本性而定，乃后起人功而定也。"（《荀子柬释·引》）。

这与孔子所说的"性相近也，习相远也"（《论语·阳货》）观点一致。细细品读，可见其朴素的唯物主义思想，是学习观的理论基础。

"学不可以已"是《劝学》的中心论点，立意高远，催人奋起。荀子强调："不登高山，不知天之高也；不临深溪，不知地之厚也；不闻先王之遗言，不知学问之大也。"激励学习者要开阔视野，勤学奋进，感悟道德，除邪避祸。"神莫大于化道，福莫长于无祸"，一语说尽学习与人生之真义。

学习很重要，但学习者不可能是万能的。荀子在《儒效》中说："君子之所谓贤者，非能遍能人之所能之谓也；君子之所谓知者，非能遍知人之所知之谓也；君子之所谓辩者，非能遍辩人之所辩之谓也；君子之所谓察者，非能遍察人之所察之谓也；有所止矣。"大意是说，君子之所以被称为贤人，并非是能够完全做到别人能做的；君子之所以被称为智者，并非是能够完全知道旁人所知道的；君子之所以被称为善辩，并非是能够完全驳倒他人的言论；君子之所以被称为明察，也并非是能够完全明察别人所察觉的。君子的能力是有限的。这里启示我们，人不可以自命不凡，自诩无所不能；君子只是做他擅长做、应该做的事而已。

"学不可以已"启示我们，要勤奋学习，要永不骄傲。

《劝学》明确提出终身学习的观点。强调"学"的持久性和不可间断性，"学"之目的在于"成人"，而"成人"是终身的课题。"真积力久则入，学至乎没而后止也。故学数有终，若其义则不可须臾舍也。"大意是说，学习要尽力持久，方能深入，直到生命终结才可以停止。

二、知识从何而来

主观与客观的关系是个哲学问题。荀子以唯物主义思想解读这个难题。他说："吾尝终日而思矣，不如须臾之所学也。"他总结亲身经历，通过"终日思"与"须臾学"的对比，强调知识不是凭空产生的，而是来源于实践。《劝学》提出了两个重要论据："善假于物""居必择乡，游必就士"。

为了说明"善假于物"的重要，荀子用了四个比喻：登高望远，顺风呼喊，假舆马而致千里，假舟楫而绝江河。由此得出结论："君子生非异也，善假于物也。"大意是讲，君子并非天生具有与众不同之才智，而是因为善于认识和利用外物，获真知、成大事。

把"善假于物"解释为利用外物是可以的，但似乎还不够。因为"利用"的前提是"认识"。中国古代有万事同理、万物同源的哲学思想。不同事物的发展规律，既有个性，又有共性。人要在实践中观察、分析、认识客观事物的千变万化，才能获得有益的知识。《周易》中说："仰则观象于天，俯则观法于地，观鸟兽之文，与地之宜，近取诸身，远取诸物。"这段话的重点在"观"字，就是说要观察天地、禽兽、草木等万事万物，可以增长见识，领悟道理。然后可以用之服务社会。或可借用后人的说法："处处留心皆学问。"

"居必择乡，游必就士"是什么意思呢？荀子举例说，南方有一种鸟叫"蒙鸠"，用羽毛和毛发编结做窝，系于芦苇花上，后来风把芦苇吹断，鸟窝鸟蛋都被摔坏。荀子分析事故的原因时说道："巢非不完也，所系者然也。"不是鸟窝编得不好，而是系错了地方。所以，人对居住、交往环境要谨慎地进行选择，才能"防邪辟而近中正"，防范负面影响，接受良好熏陶。这就如同"蓬生麻中，不扶而直；白沙在涅，与之俱黑"。用现代人的话说，你常与什么人交往，你就会成为什么样的人。

"君子慎其所立乎！"告诫我们要正确地认识环境、选择环境，才能从中受益。如果自己不清醒、不努力，"肉腐出虫，鱼枯生蠹。怠慢忘身，祸灾乃作"。

以上两个观点说明，人的知识来源于实践，在实践中观察探究客观事物是最重要的学习。善于认识和利用外物，选择外部环境就是聪明人——成功的学习者。

有人说，知识来源于书本。这很不妥。我们不妨追问一句，书本的知识又源于何处呢？追根寻源，只能是源于实践，源于在实践中的观察与思考。学者说得很明白："不学会观察，你就永远当不了科学家。"（巴甫洛夫）

三、端正学习的态度

（一）坚定专一，力戒浮躁

《劝学》中有句名言："故不积跬步，无以至千里；不积小流，无以成江海。"说明小为大之原。作者又进一步做了两个对比，其一，"骐骥一跃，不能十步""驽马十驾，功在不舍"（骏马一次跨越，也不足十步远；劣马拉车走十天也能走得很远，它的成功就在于永不停步）。其二，"锲而舍之，朽木不折""锲而不舍，金石可镂"（锲：刻）。由此论证了坚持不懈的重要。

换个角度说，"无冥冥之志者，无昭昭之明；无惛惛之事者，无赫赫之功。"大意是说，没有潜心钻研的精神，就不能明辨事理；不专心致志地工作，就不会有显赫的功绩。这就如同，眼睛不能同时看清两样东西，耳朵不能同时听清两种声音一样。

反复论证之后得出的结论就是："故君子结于一也"，指意志坚定专一。

"坚定专一""锲而不舍"是需要磨炼的。现在，克服不坚定、不专一的状况已经迫在眉睫。有的人沉醉于信息快餐，有的人已经浮躁得不能静下来把一本书读完。认真地品读《劝学》，将有力地推动我们改变学风。

（二）面向实际，重在力行

荀子重视学习经典，但不主张迷信盲从。他认为，《礼经》《乐经》有法度但嫌疏略；《诗经》《尚书》古朴但不切近现实；《春秋》隐微但不够周详。他嘲笑说，如果仅凭《诗经》《尚书》去立身行事，就如同用手指测量河水，用戈舂黍米，用锥子到饭壶里取东西吃一样，是难成大事的。荀子不同意法先王的思想，他批评子思、孟子"略法先王而不知其统""案往旧造说"。启示我们正确处理继承与创新的关系，做勇于面向实际、面向未来的学习者。

荀子主张治天下既用"法"制又兼用"礼"治。他在《性恶》中说："今人之性恶，必将待师法然后正，得礼义然后治。"他在《修身》中讲："礼，所以正身也；师，所以正礼也。"礼义道德是人应遵循的规范，教师则是教人理解礼义道德之人。

这里讲的是治国之道，亦是修身之术。具体来说，"君子知夫不全不粹之不足以为美也，故诵数以贯之，思索以通之，为其人以处之，除其害者以持养之。"这里说的是，诵读群书以求融会贯通；勤于思考，加深理解；努力实践，修养德操。概括起来就是学、思、行的统一。这才是真正的学习。

荀子在《儒效》中更明确地指出："不闻不若闻之，闻之不若见之，见之不若知之，知之不若行之。学至于行之而止矣。行之，明也。明之为圣人。"大意是说，人可以通过各种途径进行学习，但是，闻之、见之、知之都不如"行之"重要，能够实践才能达到学习的目的，才能深明其义，成为圣明之人。

"行"的内涵重在修养德操。何谓"德操"？《劝学》的最后一段中说："生乎由是，死乎由是，夫是之谓德操。德操然后能定，能定然后能应。能定能应，夫是之谓成人。"有理想信念，有德行操守，方可成为圣明之人。前面说的"意志坚定专一"的最终目的也在于此。

面对现实，重在力行，是荀子学习观的重要特点，也是修身成人的关键。

四、树立崇高的学习目的

荀子对比了两种截然相反的学习目的。

"君子之学也，入乎耳，着乎心，布乎四体，形乎动静。端而言，蝡而动，一可以为法则。小人之学也，入乎耳，出乎口；口耳之间，则四寸耳，曷足以美七尺之躯哉！古之学者为己，今之学者为人。君子之学也，以美其身；小人之学也，以为禽犊。"

"为己之学"是孔子最先提出来的。"为己"不是自私自利，而是强调学以修身为本。更具体地说，就是学以明道，修身正己，然后才可能齐家、治国、平天下。荀子继承和发展了"为己之学"的思想，把君子之学与小人之学进行对比。一个是为了自身的完美；另一个是为了媚俗取宠，以换取功名利禄。真学与假学的区别，立见分晓。君子学以美其身的思想，是《劝学》的一大亮点，也是我国学习思想史上的一盏明灯。

不同的"学习观"必然会产生不同的结果。

在现实生活中，我们已经见过不少高学历的"两面派"、"阴阳人"和"精致的利己主义者"，分析他们蜕变之原因，不难发现他们就是"小人之学"的典型。

知识技能是重要的，但是知识技能具有工具性，可以服务人民，也可以为非作歹。现代社会，科技日新月异，但智能犯罪也层出不穷。所以，有识之士一再强调，成才先成人，要大力克服重才轻德的片面性；全面实施素质教育，必须以德为先，要把立德树人作为教育的根本任务，贯穿于教育教学各环节。这既是国家发展进步的需要，也是人才成长的光明大道。

谈学习，讲成才，先要明确目的，明确自己要做什么人。"君子学以美其身"的思想永远能够指引我们奋力前行。

荀子继承并发展了儒家学说，兼有法家思想。他务实创新的精神，可以说是诸子百家中最为杰出的。有学者主张，学习中华优秀的传统文化，当从研读《荀子》入手。

《学记》学习笔记

《学记》是《礼记》中的一篇，成文约在公元前四世纪至公元前三世纪。汉代的郑玄注释说："《学记》者，以其记人学教之义。"学界公认，这篇只有一千二百多字的文章，乃是中国教育史，也是世界教育史上首部教育理论著作。

我的学习体会，《学记》亦是首部学习学的专著，主题是：人如何"学"，国家如何设"学"，教师如何教"学"。

文章开篇就提出："君子如欲化民成俗，其必由学乎！"

为什么呢？作者说道："玉不琢，不成器；人不学，不知道。是故古之王者建国君民，教学为先。《兑命》曰：'念终始，典于学。'其此之谓乎！"大意是说，玉石不经琢磨就不能成为器物，人不学习就不懂得道理。所以，古代君王建国安民，都把教学置于首位。这就是《尚书·兑命》所说的，要自始至终以"学"作为行为法则。目的就是前面讲的"化民成俗"，君要兴学设学，民应乐学善学，使学习成为美俗。这不就是建设学习型社会嘛！

这个美好理想如何实现呢？《学记》对此进行了全面系统的论述。

一、以学为本，教学相长

《学记》中说："虽有嘉肴，弗食不知其旨也；虽有至道，弗学不知其善也。"这里说明，"学"乃是认知事物、感悟道理之根本途径，无可替代，正如他人不能代替你品尝消化食物一样。关注人的成长，理应把乐学、会学置于首位。

学习不是轻而易举的事，肯定会遇到疑难困惑。"学然后知不足"，然后"能自反"，即更加深入地思考探究。困惑解决不了怎么办？就要向老师请教，经过师之指引而释疑解困，即"教然后知困"，茅塞顿开，学有收获，修业更不敢倦怠，即所谓"能自强"。"教学相长"意指学习者自修与求教两个方面是相辅相成的，不可或缺。

有人认为，"教学相长"是指教师在教的过程中遇到困惑，因而要自强，边教边学。这未必妥当。把原作的上下文连贯起来看，这里论述的都是学习者为何学、如何学的问题，尚未涉及教师如何教的话题。所以，把"教学相长"理解为学习者既要勤于学习，又要肯于求教，比较切合原意。这里讲的是求学之道，把它解释成为师之道，显然是离题转义了。

转义的成语很多，能够流传下来自有道理。我的学习体会是，读《学记》要尊重原意，莫要忽视求教解困的重要性。其实，"学问"一词概括的也是这个意思，就是勤学与好问的结合，勤学必然好问求教。

肯于求教是良好的学习态度。"知不足"是进步的新起点，因为，已知与未知有如一个圆的内外，已知的越多，圆周越大，就会发现未知越多。"知不足"才能够自反自强，虚心求教，其中亦有学无止境的意思。

对"不足"有清醒的认知是不容易的，需要修养，需要有高远的视野，科学的精神，谦虚的美德，奋进的姿态。

以上论述，都是从学习者的感受出发的，强调的是以学为本。

二、以学为本的教学制度和原则

《学记》对于如何教学，提出了许多带有规律性的观点。理解它，先要探讨这些观点提出的依据是什么。

关于教学制度。《学记》提出"家有塾，党有庠，术有序，国有学"。从基层到中央，从低到高，层层设立教学机构，满足各层次人们学习的需要。大学的教学制度，分为"小成"与"大成"两个阶段。"小成"阶段时限为七年，"大成"阶段时限为二年。这里可见年级制的萌芽。划分学段的依据是什么？是学习者的成长状况。这是以学为本思想在制度层面的体现。

关于教学原则。《学记》认为，"教之大伦"有以下七项："敬道、立志、遵纪、惩戒、游其志、存其心、学不躐等。"大意是，以"敬道、立志"树立正确的学习目的为引导；以"遵纪、惩戒"的严格管理为保障；然后，"游其志、存其心"是引导学习者顺应个人志趣，从内心产生求知欲望，真心向学，用心思考；"学不躐等"是引导学习者循序渐进，不可超级越等。这些教学原则都是对学习者的成长规律进行探索、总结的成果。

教是重要的，但要明确，教的效果取决于能否符合学习者的成长规律。所以一定要因学施教，贵在启发自觉。也可以说，教是为学服务的，切忌主体错位。

例如，"学不躐等"，意思就是"循序渐进"。这当中的"序"字，指次序。规定次序的依据是什么？首要的是学习者的成长状况和规律。"循序"就要了解并遵循学习者的成长规律。这是以学为本，以学习者为主体的体现。

"藏息相辅"是这个理念的延续。"大学之教也：时教必有正业，退息必有居学。"大意是说，既有正式课业，还要在生活中学习各种杂艺、杂乐、音律，以及洒扫应对，等等。是所谓"藏焉修焉，息焉游焉"。善于学习的人，学习必须贯通课内课外，贯穿于生活的方方面面，在游中学，于行中悟，具有良好的生活状态，"虽离师辅而不反也"，即离开师长的辅导帮助，也不会背离所学之道。如此才是学有所成。按照学习者自主成长的状况，评判教育之得失，正是以学为本思想的精髓。

《学记》强调"独学而无友，则孤陋而寡闻"。认为同学、朋友之间可以相互学习，相互切磋，相观而善。说明交友亦是学习的重要途径。但要善于择友，要制止与不正派的朋友来往，交谈一些不正经的事。

以学为本的主体不只是指勤奋苦读的个人，而是指学习者群体。启示我们，研究学习既要研究师生关系，也要探索生生关系，探索和创新相互切磋的方式方法。读《论语》，既可看到师生之间的对话，也可看到生生之间的交流，确实看不到滔滔不绝的满堂灌。

以学习为本，以学习者成长为本，以学习群体为本，依次递进，把学本论的思想表述得清清楚楚，令人信服。

换个角度说，违背了学习者的成长规律又将如何呢？《学记》明确地反对照本宣科满堂灌，文中写道："今之教者，呻其占毕，多其讯，言及于数，进而不顾其安。"大意是说，现今的教师，只知道照着竹简呻诵，且发言急速，追赶进度，全不顾学习者能否适应。其结果，必然会使学习者"隐其学而疾其师"，即厌学怨师；或是"虽终其业，其去之必速"（勉强结业，很快就会忘记所学）。原来，"厌学""考完全忘记"等怪现象古已有之。我们世世代代因此浪费了多少精力啊！

作者从正反两个方面进行分析，能否坚持以学为本的功过得失，立见分晓。

三、以学为本的教学方法

《学记》提出的重要观点："故君子之教，喻也。"

"喻"有开导，知晓的意思。展开来说，要点有三：

道而弗牵（诱导引导而不生硬牵拉，"道"通导）；

强而弗抑（督促勉励而不压抑）；

开而弗达（开导启发而不直接给予答案）。

这样做的结果是怎样的呢？作者认为，"道而弗牵则和；强而弗抑则易；开而弗达则思。"由此得出结论："和易以思，可谓善喻矣。"大意是说，在融洽、和顺的氛围中启发思考，就是善喻。

孔子倡导启发式教学，主张"不愤不启，不悱不发"。后来朱熹曾经解释说："愤者，心求通而未得之意；悱者，口欲言而未能之貌。启，谓开其意；发，谓达其辞。"

《学记》"善喻"之说是对启发式教学理论的发展。此后诸多学者论教，现今各种教育改革，大都以此为据。"善喻"的精髓在于一个"导"字。叶圣陶先生说得好："导是更高级的教。"

以"善喻"促进"善学"，精确地概括了教学论的核心，是《学记》的重大贡献。

"善喻"、启发式、因材施教同根同源，已经含有"学为主体"的思想。它与满堂灌、注入式教学的区别不是技术性的，而是教育教学以何为本、主体何在的大问题。

研究施教之策非常重要。《学记》论述了教育教学成功的秘诀，也分析了教育教学失败的原因。得出结论："君子既知教之所由兴，又知教之所由废，然后可以为师也。"兴废之说告诫我们，正确施教可以培育英才；施教不当则会误人子弟。教育是有危险性的工作，故不可不慎。

陶行知先生在《师范生第一变》中说："教育就是教人变，教人变好就是好教育，教人变坏就是坏教育；活教育教人变活，死教育教人变死。"实施好教育、活教育就必须探究学习者成长的规律，按规律办事，因学施教。

四、以学为本的进学之道

《学记》强调要引导学习者"善学"。认为"善学者，师逸而功倍，又从而庸之"。教师抓住了这个根本，就可以事半功倍，学习者还会对教师心怀感激。反之，"不善学者，师勤而功半，又从而怨之"，就可能陷入恶性循环。

怎样办呢？《学记》先从现实存在的问题说起，指出"学者有四失，教者必知之"。"四失"包括：或失则多，或失则寡，或失则易，或失则止。强调"必知"，启示我们研究"教"必须先要研究"学"。学习者的心理与才能是不一样的，"知其心，然后能救其失也"。由此得出结论："教也者，长善而救其失者也。"用现代人的说法，就是发扬积极因素，克服消极因素。

前提是"知其心"，是落实以学为本的基本功。教师需要用多种方法读懂学生，调查分析"学情"。

《学记》说："君子知至学之易而知其美恶，然后能博喻。"教师知道学生程度与资质的差异之后，才能从多个方面、用多种方式进行引导，是谓"博喻"。能够"博喻"就是优秀教师了。

《学记》的思路非常清楚，通过"善喻""博喻"，有针对性地引导学习者"善学"，增强学习的能力，特别是思维能力，因而能够举一反三，闻一知十，学有所成。这大概就是荀子所说的"善学者尽其理"。

如何提高学习的能力？《学记》以事喻理，举了三个实例：

良冶之子，必学为裘（优秀冶匠之子承继父业，必须先学会用碎皮补缀裘衣）；

良弓之子，必学为箕（优秀弓匠之子承继父业，必须先学会用柳枝编织簸箕）；

始驾马者反之，车在马前（小马初学驾车，与大马走在车前相反，而是在车的后面跟着走）。

劳动者在实践中创造的这些宝贵经验，是教与学的理论源泉。"君子察于此三者，可以有志于学矣。"启示我们，学习者要善于在实践中学习，在实践中积累经验，获得真知，锻炼能力。

教师、教材传授的是知识，把知识转化为能力就必须经过实践。说一千道一万，不如自己干一遍。所以要汲取良冶、良弓教子的经验，创造条件，搭建平台，引导学生在做中学。

会说会写不会做，是学子之大患。这也怪不得他们，因为寒窗苦读多少年，就是在这样的模式中度过的，高分低能也是这样塑造出来的。历史和现实的经验都表明，变革学习方式乃是教改之关键，坚持手脑并用，学用相长，才能锻炼出有真才实学的实干家。

《学记》结尾的一段话，高度概括了本文的主旨：

"君子曰：大德不官，大道不器，大信不约，大时不齐。察于此四者，可以有志于学矣。三王之祭川也，皆先河而后海，或源也，或委也，此之谓务本！"

这里说的大德、大道、大信、大时属于同一个层面，存在于人类各种活动之中，但不局限于各种具体活动；是事物的共同规律，但不仅仅适用于某一事物。古代的夏商周三王祭祀时，都是先祭河而后祭海，因为河是水之本源，海是水之归宿。是所谓"务本"，即抓住根本。

"务本"的典故出自《论语·学而》。有子曰："君子务本，本立而道生。""本"与"道"一样，都是哲学范畴。

对"有志于学"有多种解释，或指学习要抓住根本；或指学习就是万事之本。我的学习体会是，作者告诫我们，理解本文不要空守章句，舍本逐末，而要追根寻源，探索实质，把握规律。更具体地说，就是要紧紧地把握通过"善喻""博喻"引导学习者"善学"这个主题，结合实际把它落到实处。

《学记》的影响深远，相关的注释、论文甚多。但关注和论述"善喻"者较多，关注和论述"善学"者相对较少。这从一个侧面启示我们，教改先要改变"重教轻学"的倾向，把研究"善学"和"善学者"作为重点课题，推动"教改"与"学改"并进，努力培养成功的终身学习者。

颜之推《勉学》学习笔记

"家风是社会风气的重要组成部分，家庭不只是人们身体的住所，也是人们心灵的归宿。家风好，就能家道兴盛、和顺美满；家风差，难免殃及子孙、贻害社会，正所谓'积善之家，必有余庆；积不善之家，必有余殃'。诸葛亮诫子格言、《颜氏家训》《朱子家训》等，都是在倡导一种家风。毛泽东、周恩来、朱德等老一辈革命家都高度重视家风。"这段话是习近平总书记在2016年12月12日接见第一届全国文明家庭代表时讲的。

其中提到的《颜氏家训》，作者是颜之推，南北朝时期著名学者，他生活于战乱年代，曾任职于四朝，自叙"三为亡国之人"。苦难的经历，使他对人生有了多种感悟。《颜氏家训》共七卷二十篇，是关于修身、齐家、处事、治学的经验总结，后世有人称之为"家教规范"。其中的《勉学》是从家教的角度勉励子弟学习的，文风朴实，内容深刻，颇多新意。

一、学以自立

该文开篇就指出，自古明王圣帝"犹须勤学"，"凡庶"更是如此。因为"人生在世，会当有业"。

作者以事论理，从梁朝贵胄子弟沦丧的教训说起。那些贵人"多无学术"，终日讲究穿戴装扮，应试时雇人答题，赴宴时请人代拟诗文，好似才子佳士。可是一旦发生战乱，朝代变迁，"求诸身而无所得，施之世而无所用"，以致"泊若穷流"，甚至死于沟壑。可是，有学问才艺之人，则可随处安身。通过对比，作者告诫子弟务必勤学，"纵不能增益德行，敦厉风俗，犹为一艺得以自资。父兄不可常依，乡国不可常保，一旦流离，无人庇荫，当自求诸身耳。谚曰：'积财千万，不如薄伎在身'"。

严酷的历史经验，朴实的民间谚语，包含着深刻的人生哲理。父兄不能长久依靠，家乡也不能常保安定，一旦漂流离散，无人庇护，就只能依靠自己了。

从生存需要看待学习，用危机意识催人警醒，是本文的一个特点。如此谈论学习目的，是不是调子太低了？不是的。

孔夫子说过："君子求诸己，小人求诸人。"（《论语·卫灵公》）从人生境界论述这个问题，具有非常积极的意义。"自求诸身"可能是化用了这个典故。与"薄伎在身"联系起来，既指要学有一技之长，也指要培育自立自省自强之精神品质。这些都是要经过学习磨炼的，而且始于家庭。

自立是育人成长的难题。请看，世上有多少家庭惯于溺爱子女，忽略了自立的意识和能力的培养，结果是好心办了坏事。《颜氏家训·教子》中历数溺爱之害，然后指出："父母威严而有慈，则子女畏慎而生孝矣。吾见世间无教而有爱，每不能然。"

"无教而有爱"的一个突出表现，是给子女留下万贯家财，结果却导致"富不过三代"的悲剧一再重演。衰败并非来自外界的动乱，而是源于自家的愚昧。

有识之士早就发现了这个问题。我在厦门参观集美学村时，导游介绍过爱国华侨陈嘉庚先生的一段名言："子孙若如我，留钱做什么？贤而多财，则损其志。子孙不如我，留钱做什么？愚而多财，益增其过。"陈嘉庚用巨额家产在故乡创办了集美小学、集美中学和厦门大学等多所学校，恩泽后世。他的事迹和名言使我深受教育。若干年后，看到经济发达国家教育界在热议"富贵病"的话题，我又想起这段名言。上网查询，有人说这是林则徐写的一副对联，但很难查证。再查，才知"贤而多财，则损其志；愚而多财，则益其过"之说，出自《汉书·疏广传》。

看来，古今贤人的思路是一致的。无数的经验教训启示我们，对子女要爱之有道。颜之推在《教子》中概括出"威严而有慈"的原则，把爱子与教子结合起来，对于家庭教育、学校教育都有指导意义。"严慈相济"的具体内容，重在指引人独立行走，激励人自立自强，为美好的理想而努力奋斗。在任何情况下，包括富起来以后，唯有自强不息才能创造美好的人生。

学习《勉学》，依此来选择教育的方式方法，就有很多文章可做了。对于孩子，既不要绑住，也不要抱住，更不能吃饱喝足加躺平。应该做什么呢？引导他们"自求诸身"，自立自强。或可以说，这就是教育之真谛。

二、学以成人

《勉学》指出："读书学问，本欲开心明目，利于行耳。"强调提高认识，感悟道理的目的在于"行"。文中列举养亲、事君、恭俭节用、贵义轻财、小心黜己、强毅正直等方面，论述了修身利行，学以成人之要点。

作者举例说，学习犹如植树，"讲论文章，春华也，修身利行，秋实也"。启示我们，学习重在修身，修身务必知行合一。这是本文的一大亮点。

孔子倡导"为己之学"。《论语·宪问》中说："古之学者为己，今之学者为人。""为己"的大意是说，学习是为了修养自己的道德和增进学问，然后推己及人，以收治平之效。"为人"则是指炫耀自己，给别人看，"终至于丧己"而无益人。

在孔子的论述中，"为己之学"是褒义的，"为人之学"是贬义的。两种学习观鲜明对比，意义简要深刻。

荀子在《劝学》中讲："君子之学也，以美其身；小人之学也，以为禽犊。"大意是讲，君子学习是为了修养和完善自身，小人学习是将知识当作换取名利的贡品。

《勉学》论述这个问题时讲了两段话：

"古之学者为己，以补不足也；今之学者为人，但能说之也。"

"古之学者为人，行道以利世也；今之学者为己，修身以求进也。"

这里的前一句与先哲的见解一致。后一句则说，古之学者也是"为人"，即行道利世；今之学者也是"为己"，即修身求进（意指个人升迁）。作者大概是说"为己""为人"两个词都可以有不同的内容、不同的目的。"为己"可以是完善自身，也可以是贪图个人升迁；"为人"可以是炫耀于人，也可以是利世济民。这是对前人之说的补充，还是修正，就难下评语了。

当然，《勉学》倡导修身行道，反对知行不一，学习观是正确的，是与儒学传统一脉相承的。作者自己也是这样做的。

颜之推在关中受难时，长子思鲁说，我们在朝没有禄位，家里没有积财，我本应担起供养之责，现在督促我研读经史，我能安心吗？

颜之推教训他说："做儿子的应当以养为心，做父亲的应当以学为教。如果你弃学徇财，让我衣食丰足，我哪能觉得甘美舒服？如果从事于先王之道，继承了家世之业，即使吃粗茶淡饭、穿麻布衣衫，我也愿意。"

一段教子勤学的故事令人敬佩。

三、端正学风

（一）力戒空谈

《勉学》多次谈到学风问题，文笔犀利，切中时弊。

作者严厉批评了"空守章句，但诵师言，施之世务，殆无一可"的清谈之风。认为读书人拘泥于章句，只会背读师长的话语，在实践中一点也用不上。这种学习毫无用处。作者讲了两个笑话：

其一，传说有博士买驴，契约写了三张纸，竟然没有一个"驴"字。简单地说，就是空话连篇。颜之推感慨地说："使汝以此为师，令人气塞。"——如果让你拜这种人为师，会被他气死的！

其二，有些人写长文对"仲尼居"三个字进行解释。这个说"居"指闲居之处，那个说"居"指讲习之所，可是有谁能看得见呢？在这种问题上争个输赢对错，有何益处！

怎么办呢？

一是学习要端正态度。只要熟悉经文，粗通传注大义，使自己的言行得当，能够做人做事就行了，是所谓"博览机要，以济功业"，切莫要"空守章句"。这里用了一个典故。《后汉书·王充传》中评介王充"好博览而不守章句"，讲的就是这个意思。有识之士都在反对教条主义。遗憾的是，教条主义有各种硬件的支撑，难以根治，所以学习者要善于识别，勇于抵制，求得真知。

二是学习要面向实际。历来劝学之作，讲的多是如何研读经典，《勉学》则提出："爱及农商工贾，厮役奴隶，钓鱼屠肉，饭牛牧羊，皆有先达，可为师表，博学求之，无不利于事也。"这个观点是很少见的。各行各业"皆有先达"之说，极大地拓宽了学习领域，充实了博学的内涵，指引读书的学子必须面向实际。"行道利世"一定要了解世情，面向实际才有可能纠正纸上谈兵、"空守章句"的学风，学得真本领。

现代人对于"向群众学习"已经非常熟悉。1 500多年以前的学者，能够有此卓见，实在令人钦佩。颜之推生于乱世，阅尽人世沧桑，所以他的学习观比较贴近实际，贴近农商工贾的平民百姓。历来，经历过苦难磨炼的人不会热衷于清谈，有真知的学者不可能在温室里长大。

（二）力戒自损

都说学习是有益的，怎么可能"以学自损"呢？

《勉学》尖锐地指出："见人读数十卷书，便自高大，凌忽长者，轻慢同列。人疾之如仇敌，恶之如鸱枭。"意思是说，有的人读了一些书，便自高自大起来，藐视长者和同辈，招致他人怨恨和厌恶，就像厌恶不祥的恶鸟一样。作者由此得出结论："如此以学自损，不如无学也。"

治学与做人一样，切忌骄傲。恃才傲人，乃至贬低他人来抬高自己，必然令人厌恶，失去朋友，失去学习进步的机会，最终如同"自损"。"满"与"损"的字义相反，可是"自满"与"自损"却是相通的。这是多么有趣的哲理啊！审视现实，人生跌宕起伏，很多能人不就是跌于"自满"的吗！

《尚书·大禹谟》有云："满招损，谦受益，时乃天道。""天道"意指自然规律，也是学习规律吧。谦虚是勤奋学习的前提。古人有"学无止境"之说，今人有"终身学习"之论，都在告诫我们要放眼未来，永不自满。习近平总书记在"不忘初心、牢记使命"主题教育总结大会上的讲话中指出："学习的最大敌人是自我满足，要学有所成，就必须永不自满。"

（三）力戒自弃

《勉学》中说，人在小的时候，精神专一而敏锐，长大之后，思想分散，所以"固须早教，勿失机也。"

如果错过时机怎么办？作者认为："失于盛年，犹当晚学，不可自弃。"如果年轻时候失去了学习的机会，晚年更应努力学习，不可自暴自弃。作者列举了多位名人暮年学习有成的事迹，然后指出："幼而学者，如日出之光，老而学者，如秉烛夜行，犹贤乎瞑目而无见者也。"

"幼而学者"这句话的典故出自西汉史学家刘向的《说苑·建本》，原文是：

晋平公问于师旷曰："吾年七十欲学，恐已暮矣。"

师旷曰："……臣闻之，少而好学，如日出之阳；壮而好学，如日中之光；老而好学，如炳烛之明。炳烛之明，孰与昧行乎？"

平公曰："善哉！"

少年、壮年、老年皆可学习获益。特别是老年人一定要想明白，"炳烛之明，孰与昧行乎？"——点亮蜡烛走路，与摸黑行走相比，哪个更好呢？《勉学》对此做了回答：秉烛夜行"犹贤乎瞑目而无见者也。"意思是，这比闭着眼睛什么也看不见的强多了。所以"不可自弃。"（炳：点燃之意；秉：手持之意）

现代心理学的研究证明，老年人的记忆能力有所下降，但理解能力更强，是可以取得好的学习效果的。

再者，老年人比较能够淡泊名利，心无杂念，因而能不跟风、不盲从，冷静思考求得真知。

学习只有起点而没有终点，学习者要有良好的心态，确信日光、烛光都能照亮生活，使生活丰富多彩。

力戒空谈、力戒自损、力戒自弃，讲清了学风建设中的要点，指明了勤学善学之路，学习者肯于如此奋进，必能学有所成。

韩愈《师说》学习笔记

韩愈（768—824），字退之。因祖籍昌黎，世称"韩昌黎"。唐代杰出的文学家、思想家、政治家。被后人尊为"唐宋八大家"之首。杜牧把韩文与杜诗并列，称为"杜诗韩笔"；苏轼称他"文起八代之衰"。

《师说》约成文于贞元十七年至十八年。当时韩愈任国子监四门博士。从社会背景分析，《师说》是为批判门第观念影响下"耻学于师"的坏风气而写的。门阀制度中的士族子弟，依仗高贵的门第就可为官，所以他们只尊"家法"而鄙视从师。韩愈激烈抨击这种歪风。恰好李家子弟李蟠爱读古文，不受时俗的影响向韩愈求教。韩愈赞许他虚心向学，故写作《师说》相赠。

《师说》是韩愈的代表作，影响深远。柳宗元在《答韦中立论师道书》中说："今之世，不闻有师，有辄哗笑之，以为狂人。独韩愈奋不顾流俗，犯笑侮，收召后学，作《师说》，因抗颜而为师。"赞扬他不顾世俗风气和他人讥笑，招收学子，撰写《师说》，刚正不屈地当起了老师。

《师说》开头的第一句话："古之学者必有师"，表明本文的重点是指导学习者如何求师问学的。有学者认为，《师说》讲的是为师之道，"传道授业解惑"已经被奉为经典。我的学习体会是：《师说》对于为师之道并未展开论述，重点讲的是求师之道（从师之道），是一篇指导学习的佳作。

一、学必有师

此说的根据是什么呢？是因为"人非生而知之者，孰能无惑？"所以，必须破除"生而知之"的迷信，老老实实地请求师长来"传道授业解惑"。

师在何处？"无贵无贱，无长无少，道之所存，师之所存也。"无论地位高低，无论年纪大小，有"道"者即是师长。因为求学之目的乃是"吾师道也"。

在封建社会，敢于提出"无贵无贱"之说，有不慕权贵，不图虚名，只问真理，不计得失的气魄，令人敬佩。既然有道之人皆是吾师，所以，要虚心向所有的有道之人请教。这既是正确的学习态度，更是高尚的人品。

细品"尊师重道"的含义，我感悟到，在"重道"下面应加重点号。

学习态度与人品的关系至关重要。可以说，看一个人的学习态度，就可以了解他的人品；或者说，端正学习态度就是在修养品德；或者说，有德之人必然要有正确的学习态度，有正确的学习态度才可能修养成为有德之人。

古圣先贤都不是天生的，只是乐学善学之人。

探索为学之道与为人之道的密切关系，必能提升学习者的思想境界，激发学习的自觉性。

二、批评耻学于师

为说明轻视师道的危害，文章进行了三个对比。

其一，纵向比较。"古之圣人"从师而问，"今之众人"耻学于师，两相对比说明今人违背了圣人之道，说明是否尊师重道，是"圣益圣，愚益愚"之关键。圣人更加圣明，愚人更加愚昧的原因大概就在于此吧。

其二，自身比较。有的人为子择师而自己不从师，而且"童子之师，授之书而习其句读者，非吾所谓传其道解其惑者也"。这种"小学而大遗"（舍本逐末）的做法是荒谬的。

其三，横向比较。以巫医乐师百工之人与士大夫作对比，"巫医乐师百工之人，君子不齿，今其智乃反不能及，其可怪也欤！"两种人的地位与智能的反差，令人惊醒。为什么？就因为百工之人肯于相互学习，而士大夫则以此为耻。

《师说》通过这些对比说明"圣"与"愚"之差距，就是因为人不肯学习或不善学习而拉开的。韩愈能见百工之人的优点，抨击士大夫之愚蠢，启示我们，身居高位并非就是真理的化身，不学习则必落后；善学者必能赢得未来。

前面说过，人非生而知之者，这里又分析了"圣"与"愚"拉开差距之原因，说天赋，谈发展，以朴素的唯物主义思想阐明了学习的意义，必能有力地激发学习者的积极性。

三、圣人无常师

这个论断原典出自《论语·子张》。卫公孙朝问于子贡曰："仲尼焉学？"子贡回答说："夫子焉不学？而亦何常师之有？"大意是说，夫子无所不从学，故无常师。钱穆先生曾经解释说："盖孔子之学，乃能学于众人而益见其仁，益明其道。"

《师说》对此展开论证说："孔子师郯子、苌弘、师襄、老聃。郯子之徒，其贤不及孔子。孔子曰：三人行，则必有我师。"

郯子，是春秋时期郯国的国君，重仁德，治国有方。郯子朝鲁时，孔子曾"见于郯子而学之"。曲阜孔庙内的《圣迹图》内有一幅插图就是"学于郯子"。

苌弘，博学多才，知天文地理，精星象音律，孔子曾经向他求教韶乐与武乐之异同。史称"访弘问乐"。孔子关于"乐以发和"的思想即源于苌弘的乐学理论（又据《庄子·外物篇》载：苌弘，蜀人，被杀之后，血流不止，蜀人藏其血，三年之后化为碧。成语"碧血化珠""碧血丹心"即由此而来）。

师襄（襄子）是一名乐官。《孔子家语·辨乐》中记述了孔子向襄子学琴的故事。襄子说，你已经会弹琴了，为何还要学？孔子说，"未得其数"（技巧、节奏）；已习其数，孔子又说："未得其志"（琴曲的内涵）；已习其志，孔子又说："未得其为人也"（琴曲歌颂的是什么人）；又过了一段时间，孔子神情俨然，时而庄重沉思，时而怡然远望，仿佛化入仙境。孔子说道："我知道他是谁了：那人皮肤深黑，体形颀长，眼光明亮远大，像个统治四方诸侯的王者，若不是周文王还有谁能撰作这首乐曲呢？"师襄子闻之起身施礼答道："君子圣人也，其传曰《文王操》。"后来有人说："孔子持文王之声知文王之为人"，讲的也是这段轶事。

孔子问礼于老子也是文坛一段佳话。据《史记》记载，孔子曾专程去拜访老子数日。归来后弟子问道，"老子何样？"孔子回答说："学识渊深而莫测，志趣高邈而难知；如蛇之随时屈伸，如龙之应时变化。老聃，真吾师也！"有研究者认为，在儒家学说当中，多处可见道家的智慧。

通过以上四个事例，可以窥见圣人修炼成功的秘密尽在于学，或者说是因学而至圣。孔子也曾说过："十室之邑，必有忠信如丘者焉，不如丘之好学也。"

从"必有师"推进到"无常师"，以众为师，以能者为师，论述逐步深入，视野逐步开阔，指明了学习者求师问学应该具有怎样的素养。这是全文的主线，也是全文精华所在。

人们通常把"尊师重道"理解为尊重教师，其实更深远的意义是尊重知识，尊重所有的有道之人。"无常师"的依据，就是"道之所存，师之所存也"。而且，"弟子不必不如师，师不必贤于弟子，闻道有先后，术业有专攻"。有学者称之为"新师道观"。我的学习体会：这是一种学习观——人人都是而且永远是学习者，学习是永无止境的。

成语"虚怀若谷"，出自《老子》："敦兮其若朴，旷兮其若谷。"意即纯朴厚道，非常虚心，心胸开阔。谦虚是求学之道，亦是为人之道。智者不能自见其面，勇者不能自举其身。所以人要进步，必须亲师取友。

什么人能够"虚怀若谷"呢？经验告诉我们，越是有学问的人越谦虚，因为已知愈多，愈能发现未知领域之辽阔；懂得科学的人，才能科学地看待世界。骄傲自满者多是浅薄之人。

虚心好学天地宽！放下架子就能发现处处皆有可学之事、可师之人。常言说，受人一字便为师，人从三师必成才。人人相互为师，必能促进人际和谐，共同进步。这不就是现代人理想的学习型社会嘛！反之，"耻学于师"，自命非凡，自我封闭，必然断了学习进步的途径，而且会制造矛盾冲突，祸害集体。

向群众学习，在群众面前甘当小学生，是我们党的优良传统，也是我们党能够不断进行改革创新的重要原因。邓小平同志指出："只有首先善于做群众的学生的人，才有可能做群众的先生，并且只有继续做学生，才能继续做先生。一个党和它的党员，只有认真地总结群众的经验，集中群众的智慧，才能指出正确的方向，领导群众前进。"（《关于修改党的章程的报告》，1956年9月16日）

科技革命把人们拉入"后喻时代"，晚辈或者学生由于较快地掌握了新知识、新技能，可以向先辈和教师传授知识技能，"文化反哺"已是常态。"青出于蓝而胜于蓝""弟子不必不如师"是社会进步的表现。

到底如何学习呢？这或可参阅韩愈的另一篇论学名著《进学解》。该文提出的重要学习方法："纪事者必提其要，纂言者必钩其玄。"大意是说，对史书类典籍务必要总结掌握其纲要，对论说类典籍务必要探寻其深奥隐微之意。用现代的话说，就是学会学习必须要深入思考，深入思考的重点是学会提炼概括。提纲挈领、把书读薄，大概也是这个意思。

韩愈的名言："业精于勤，荒于嬉；行成于思，毁于随"也出自《进学解》。这句话启示我们，勤勉进取，深思慎行，必能学业有成。

《朱子读书法》学习笔记

朱熹（1130—1200）是我国南宋时期的理学家、思想家、教育家。他学识渊博，影响深远。钱穆先生说："在中国历史上，前古有孔子，近古有朱子，此两人，皆在中国学术思想史及中国文化史上发出莫大声光，留下莫大影响。旷观全史，恐无第三人堪与伦比。"（《朱子新学案》）

朱子博学善教，所著《四书章句集注》曾被钦定为学子必读的教材和科考评分的依据。朱子创建和修复了多所书院，培育了众多弟子，被后人称为"万世宗师"。朱子的弟子汇集他的训导，编写了《朱子读书法》，内容涉及学习方法、学习态度、学习动力等方面，是我国古人论述读书方法之力作。但此文并非出自朱子笔下，所以我们在研读《朱子读书法》时，还应学习朱子的有关论述，以期能够更全面准确地理解朱子的学习思想。

一、读书六法

《朱子读书法》内容包括六个要点。

（一）循序渐进

此语出自朱子的《论语集注》，注释的是孔子的一段名言："不怨天，不尤人。下学而上达。知我者其天乎！"（《论语·宪问》）朱子认为，"下学上达"乃是循序渐进的过程，"下学者，事也；上达者，理也"。下学是上达的基础，上达是下学之升华。悟透这个道理，就不会怨天尤人，而且能够奋发自强，潜心治学。

"循序渐进"概括的是学习成长的规律。启示我们要按照一定的次序，由浅入深，由近至远，逐步攀升。

相传有这样一个故事。有人向朱子请教"如何进行学习？"朱子说："学习要按照一定的步骤循序渐进。"那人又问"何谓循序渐进？"朱子答道："凡是读书，先读什么后读什么，一定要有步骤。先读通一部书，然后再读其他的书，要依据自己的水平，订出学习计划，并严格遵守，持之以恒。"否则，不按照步骤杂乱无章地读书，就好像一个饥饿之人走进饭堂，看见丰盛的饭菜，东抓一把西抓一把，全都塞进嘴里，结果是食而不知其味，那能有何益处呢！

"循序渐进"并非是消极的慢慢来，它的重点在于"进"。或可这样理解，"序"是依据，"渐"是过程，"进"是目的。这个"进"，指的是真实的成长进步。

今日品读这个人们熟知的成语，仍能感到它有非常现实的针对性。我们至少要防止以下三种情况：一曰杂乱无章，二曰心浮气躁，三曰浅尝辄止。浅阅读、碎片化的学习，何曾有序？快餐式的浏览，又怎能有真实的进步！

（二）熟读精思

"熟读"指读书要读得透彻，不图快，不贪多，务求精深。

如何才能做到呢？朱子说："读书之法，先要熟读，须是正看背看，左看右看。看得是了，未可便说道是，更须反复玩味。"启示我们要前思后想、左思右想，反复思考，切忌轻浮。

正确处理学与思的关系，是孔夫子最先提出的。"学而不思则罔，思而不学则殆"（《论语·为政》）是学习理论之经典名言。朱子进一步指出："读书无疑者，须教有疑，有疑者，却要无疑，到这里方是长进。"把学习过程概括为"无疑—有疑—解疑"，即发现问题、解决问题的过程。这是"熟读精思"之本意。

朱子也曾强调，读书要读够一定的遍数，"百遍时自是强五十遍时，二百遍自是强一百遍时"；"读书千遍，其义自见"。这该如何理解呢？熟读经典是必要的，但是，读书遍数难以决定一切。读书的效果受多种因素的制约，如，知识基础、实践经验、文化环境等，过分强调个人苦读可能并非良策。朱子也曾强调"熟读"的目的是"助其思量"。可是"助其思量"的方式也应是多种多样的吧。这些就有待我们结合实际继续探究了。

（三）虚心涵泳

朱子认为，"学者读书，须是敛身正坐，缓视微吟，虚心涵泳"。

所谓"涵泳"，就是沉浸于书中，仔细琢磨，反复推敲，领悟文义中的"深长意味"。对应的是轻浮草率，"意绪匆匆，常若有所奔走追逐，而无从容涵泳之乐"。涵泳也是一种快乐，这需要"从容"。

能够这样做的前提，是学习者的心要空虚下来，既不可先立己意，也不能执着一见。朱子举例说道："如人受诉讼，听其说尽，然后方可断。"大意是说，读书好比打官司断案，要把双方的意见都听完了，才可做出判断。如果心中先有成见，就难以公正地断案。

读书不是不能有自己的见解，这里是说，自己的见解应形成于熟读精思之后。

这里启示我们，善学者必先端正学习态度，而端正学习态度的第一要点便是虚心。虚心才能安静地读书，读得进去，想得明白。这大概就是现代人所说的"成见归零"吧。

世界广阔无边，时代飞速前进，我们每个人的知识都是有限的。谦虚好学是做人、做事、做学问必备的一种品德，或者说是一种格局。深刻理解"知也无涯""学无止境"的哲理，才能虚下心来甘当小学生，勤学乐学。《尚书》有云"满招损，谦受益"，确是至理名言。

（四）切己体察

朱子认为，"读书不可只专就纸上求义理，须反来就自家身上推究"。意思是说，读书不能停留在纸面上，而要联系自己的知识、经验来理解探究。他强调，读圣贤之书重在"体察圣心""反求诸心"。即体察圣人之心，并以此观照吾心，用圣贤所讲的道理指导自己的言行。能够如此，就是真的学深悟透了。反之，"吾心"与"圣心"背离，只练嘴上功夫，知行不一，就是学无实效了。

"切己体察"还有一层意思，就是强调学贵自得，需要"自去理会，自去体察，自去涵养"。朱子招收过众多弟子，但他认为，老师只是个引路人，有疑难处，同商量而已。

"虚心涵泳，切己体察"的影响深远，清代重臣曾国藩认为："朱子教人读书，此二语最为精当。"他解释说："涵者，如春雨之润花，如清渠之溉稻"；"泳者，如鱼之游水，如人之濯足。"读书学习要视书为水，视己为鱼，在水中畅游，获得体验感悟，才可能学有收获。

（五）着紧用力

读书学习是艰苦的，这毋庸置疑。朱子说："君子之学，不为则已，为则必要其成，故常百倍其功。""读书之道，用力愈多，收功愈远。先难而后获，先事而后得，皆是此理。"所以要有紧迫感，要像救火治病一样，一刻也不能耽搁；要像打仗一样，抖擞精神，英勇顽强。"须是一棒一条痕！一掴一掌血！"如此专心用力，方能学有所成。

朱子强调指出："悠悠不济事。"

事实正是如此，期盼轻轻松松地取得辉煌成就，只是不切实际的幻想。今人倡导快乐学习是有益的，但要明确，快乐产生在刻苦钻研之后，是所谓"先难而后获，先事而后得"。不肯做事，不会做事，乐从何来！

（六）居敬持志

探讨了学习方法、学习态度之后，最终要归结到学习动力、学习目的上来。目的明确动力足，才有可能排除万难，求得真知。朱子在《沧洲精舍谕学者》中说得明白："书不记，熟读可记；义不精，细思可精；惟有志不立，直是无著力处。只如而今，贪利禄而不贪道义，要作贵人而不要作好人，皆是志不立之病。"

立什么志？朱子认为："言学便以道为志；言人便以圣为志。"大意是说，治学应志在明道，育人应志在致圣，而绝非是贪利禄、做贵人。

朱子曾经厉声问道："立志不定，如何读书？"这是所有学子必须回答的灵魂之问。朱子断言："博学而志不笃，则大而无成。"意指胸无大志的人，知识再多也难有成就。

所谓"持志"，就是既要有正确、明确的目的，还要有坚持不懈的恒心。或可以说，既要有志向，还要有志气——坚强意志。

"居敬"就是读书时精神专一，排除杂念，怀有敬畏之心，无有或者说不敢有懈怠之意。朱子说："读书须收敛此心，这便是敬。""收敛此心，莫令走作而已。今人精神自不曾定，读书安得精专？"（走作：越规、放逸）

有学者主张"居敬持志"应该列为"朱子读书法"六个要点之首位。因为这是根本。朱子讲过："读书之法，莫贵乎循序而致精，而致精之本，则又在于居敬而持志。此不易之理也。"学习方法重要，但培根铸魂更重要。

二、为学之道与为人之道

细细品读朱子的学习思想，可以感到为学之道与为人之道是相通的。朱子教导读书人要虚心、专心、恒心，无欲立己心，无求速效心，无杜撰穿凿心……这样读书即是在涵养心性。钱穆先生说："朱子教人读书工夫，即是养心工夫，又即是处事工夫。"

朱子强调读书重要，同时认为，读书乃是学者"第二事"。那么第一事是什么呢？他认为，应是正心修身，修德为本。

朱子说："夫学问岂以他求，不过欲明此理，而力行之耳。"他把"行"作为"学"之目的。强调指出："为学之实，固在践履。苟徒知而不行，诚与不学无异。""知而不行"就是现代人说的"假学习"，学了也没用。如果是口言圣贤之道，胸怀利禄之心，那就很危险了。

朱子学习思想的一大亮点是知行观。关于知与行的关系，孰先孰后、孰轻孰重、孰难孰易……学界久有争论。朱子的观点是："论先后，知为先；论轻重，行为重。"并且认为："知与行，工夫须著并到。知之愈明，则行之愈笃；行之愈笃，则知之益明。二者皆不可偏废。如人两足相先后行，便会渐渐行得到。""行为重"的寓意很深，既指学习的目的，也指学习的途径——"行之愈笃，则知之益明"。

朱子的知行观，对于读书学习具有重要的指导意义。《朱子读书法》概括了朱子学习理论的若干要点，但不知何故，没有把"知行观"列为重点。看来，精准的概括大学问家的学习思想并非易事。

我们不宜把《朱子读书法》视为完整的理论体系。朱子在《白鹿洞书院揭示》中规定"为学之序"是："博学之，审问之，慎思之，明辨之，笃行之。"原典出自《中庸》，是我国学习理论之精华。朱子以渊博的知识和经验，继承和发展了我国治学的优良传统。

朱子说："学问思辨四者，所以穷理也。若夫笃行之事，则自修身以至于处事、接物，亦各有要。"书院对此做出了详细的规范。

朱子认为："圣贤所以教人为学之意，莫非使之讲明义理，以修其身，然后推己及人，非徒欲其务记览，为词章，以钓声名，取利禄而已也。"这里强调的是，为学之目的是明理修身，服务社会，而不是利用知识文章以沽名钓誉，谋取利禄。这是"笃行"之深意，也是修齐治平的宏图大志的具体化。

兴办书院是朱子学习思想的实践成果，《白鹿洞书院揭示》成为我国书院制定学规的范本。后来明代思想家王阳明对此评价说："夫为学之方，白鹿之规尽矣。"附带说明，王阳明并不同意朱子关于知行"先后"之说。他认为，"知是行之始，行是知之成"，创立了知行合一的理论。

学术研究是永无止境的，探究争论是促进学术繁荣的法宝。

朱子的诗云："半亩方塘一鉴开，天光云影共徘徊。问渠那得清如许，为有源头活水来。"（《观书有感》）诗中描述池塘像明镜般的清澈，映照着天光云影。究其原因，是源头有活水流来。朱子以此比喻读书治学，也要源源不断地吸取新知，永不闭塞。

传统是代代相传的道统。我们学习朱子的学习理论，也应持这种态度，守正创新，与时偕行。

王阳明《教条示龙场诸生》学习笔记

明代思想家王守仁，号阳明，乃是能文能武的大家，曾经有人评论说，他左手持剑，力挽大明江山；右手抚卷，创立心学大家。

王阳明曾任兵部主事，后因反对宦官刘瑾，被贬谪到贵州龙场做驿丞。该地荒凉破败，疫病肆虐。但胸怀大志的王阳明，在苦难中对自己的学问和人生进行了冷静的反思，而后大彻大悟。这就是中国哲学史上著名的"龙场悟道"。王阳明在那里建立书院，广收弟子，潜心治学育才，并写下《教条示龙场诸生》一文。"教条"即是教育的条例和守则，这是对学生提出的要求，也是对自己为人和治学经验的总结。

一、立志学圣贤

王阳明在文中提出了四项要求，第一就是立志。

为什么要立志？王阳明说："志不立，天下无可成之事。虽百工技艺，未有不本于志者。""天下"是个全称判断，指各行各业、各类人士皆是如此。"本于志"意指"志"为成人、成事之根本。思考问题，贵在务本，本固则道生。本文开宗明义，一句话就点中要害。文风锐利，令人敬佩。

现实的情况如何呢？王阳明说得很明确："今学者旷废隳惰，玩岁愒时，而百无所成，皆由于志之未立耳。"

志未立又将如何呢？作者用比喻说："志不立，如无舵之舟，无衔之马，漂荡奔逸，终亦何所底乎？"航行无方向，奔跑无目的，结果必是危险的！从教育的角度说，人生偶有迷茫期并不奇怪，或可说是探索过程的曲折经历，我们不必畏惧它，但要正视它。人是精神性的存在。精神贫困才会陷入漂荡奔逸，不知所终的困境。唯有认真地学习、思考、选择，用先进的思想文化涵养精神生命，才能树立崇高志向，做生活的主人。

王阳明在写给弟弟王守文的《示弟立志说》中说道："夫志，气之帅也，人之命也，木之根也，水之源也。源不浚则流息，根不植则木枯，命不续则人死，志不立则气昏。是以君子之学，无时无处而不以立志为事。"他强调指出："后世大患，尤在无志。"

总之，谈学习，话人生，立志是第一要务。志是导向，志是动力，志是根本。

立什么志？王阳明认为："立志而圣，则圣矣；立志而贤，则贤矣。"

王阳明在少年时曾经问老师："天下第一等大事是什么？"老师告诉他："读书及第，当官获取功名。"王阳明并不认同，他说，自己的愿望乃是学孔子，做圣贤。

他的一生都在为此而努力。后来他参加科考落第，他的状元父亲过来宽慰他，他却淡淡地说："世以不得第为耻，吾以不得第动心为耻。"因为有更为高远的志向，所以能不因落第而动心。

立志，不是要获取个人名利，而是要做高尚的人。

立志学圣贤也是优良传统。宋代理学家周敦颐讲过："圣希天，贤希圣，士希贤。"（《通书·志学》）大意是说，圣人追慕效法上天，贤人追慕效法圣人，士人追慕效法贤人。立志学圣贤与"希圣希贤"的思想一脉相承。

怎样立志学圣贤呢？王阳明在龙场悟道时心中常想："因念圣人处此，更有何道"。大意说的是，设想一下圣人身处此境会怎么做，那么我就怎么做。他可能会想到，孔夫子一生颠沛流离，但始终不忘使命。我今在龙场受难，又怎能气馁呢！立志学圣贤促使他能大彻大悟。

立志学圣贤就要像圣贤那样为人处事，而不是自命非凡，以圣贤自居。

习近平总书记在纪念五四运动100周年大会上的讲话中说："青年志存高远，就能激发奋进潜力，青春岁月就不会像无舵之舟漂泊不定。正所谓'立志而圣则圣矣，立志而贤则贤矣'。青年的人生目标会有不同，职业选择也有差异，但只有把自己的小我融入祖国的大我、人民的大我之中，与时代同步伐、与人民共命运，才能更好实现人生价值，升华人生境界。离开了祖国需要、人民利益，任何孤芳自赏都会陷入越走越窄的狭小天地。"这里对立志学圣贤赋予了新的内涵。

博大精深的弘志思想是我国优秀的文化传统，代代相传，励人奋进。

二、学习以勤确谦抑为上

学子立志，要落实在学习和修养上面。王阳明认为："已立志为君子，自当从事于学，凡学之不勤，必其志之尚未笃也。"

"笃"字意指忠实专一、深厚、厚重。人有志向似乎并不难，能够坚定不移，安危不贰其志，就需要艰苦的磨炼了。《论语·子张》有云："子夏曰：'博学而笃志，切问而近思，仁在其中矣。'""笃志"意指专心致志，一心一意，笃定不变。"博学而笃志，切问而近思"一直是复旦大学的校训。

志向是否笃定要看行动、看实践。对于学子来说，必须要勤学；勤学必须要有正确的学习态度。王阳明告诫各位学子说："从吾游者，不以聪慧警捷为高，而以勤确谦抑为上。"大意是，莫要以聪明灵巧机敏为高，而应以勤奋踏实谦逊为上。王阳明对比了两种情况。

一种人是"'虚而为盈，无而为有'，讳己之不能，忌人之有善，自矜自是，大言欺人者，使其人资禀虽甚超迈，侪辈之中，有弗疾恶之者乎?"大意说的是，这种人，腹内空虚却假装学识渊博，孤陋寡闻却冒充无所不知，掩盖自己的短处，嫉妒他人的长处，自以为是，大话骗人。这种人即使聪明机敏，难道你们不厌恶他吗?文中"虚而为盈，无而为有"一语，化用了《论语·述而》中的一句话："亡而为有，虚而为盈，约而为泰，难乎有恒矣。"看来，古圣先贤历来都是反对骄傲自满的，并且认为这种人是难得长久的。王阳明说得很干脆："人生大病只是一'傲'字。"

另一种人是"谦默自持，无能自处，笃志力行，勤学好问，称人之善，而咎己之失，从人之长，而明己之短，忠信乐易，表里一致者，使其人资禀虽甚鲁钝，侪辈之中，有弗称慕之者乎?"大意说的是，这种人，对己，保持谦虚缄默，甘当小学生;对人，赞扬他人的优点，学习别人的长处;行为上，秉持忠信，表里如一。即使天资禀赋略显不足，难道你们会不称赞敬慕他吗!

通过对比，就可以明确应持什么样的学习态度了。

天资聪慧固然是优点，但它并非是学业进步的决定性因素。现代心理学家认为，在人的成长过程中，非智力因素比智力因素更重要。聪明人如果不努力，也有可能导致"聪明反被聪明误"。华罗庚的诗句："勤能补拙是良训，一分辛劳一分才"，确是至理名言。

"无能自处"一句，重若千钧。仔细品味，并非是客气话，而是胸怀大志者奋进不止的精神状态。

学习以上两节可以感悟到，立志与勤学的关系密切。学习目的指引着学习态度，学习态度体现着学习目的。

三、贤者贵于能改过

立志、勤学之路是曲折的，难免会有过失。

如何看待过失呢?王阳明提出了非常辩证的观点："夫过者，自大贤所不免，然不害其卒为大贤者，为其能改也。故不贵于无过，而贵于能改过。"

"不贵于无过"，就是要正视人的成长过程的复杂性、曲折性，不奢求不切实际的"无过"。因为那可能使人畏首畏尾，不敢作为。

"贵于能改过"，就是既要"痛自悔咎"，也莫要"馁于改过从善之心"，产生恐惧沮丧心理。王阳明写道："但能一旦脱然洗涤旧染，虽昔为盗寇，今日不害为君子矣。"意思是说，一旦能将恶习洗除干净，虽然以前做过盗贼，也不妨碍他今天成为君子。为什么呢?因为如果能够认真地总结经验教训，就能把坏事变成为好事。所以古人云："过而能改，善莫大焉。"（《左传·宣公二年》）佛学中亦有"放下屠刀，立地成佛"之说。

现代挫折心理学认为，挫折具有两重性，既是伤害，又是磨炼。耐挫能力强的人，可以从过失中吸取教训，在逆境中重新奋起。现代管理学的书中，还讲过一条奇怪的经验：没有犯过错误的人，是不能重用的。或可以说，这些都是"不贵于无过，而贵于能改过"的新版本。

这里体现的教育思想值得我们反复体悟。怎么帮助调皮的学生是个难题，但不是无解的。重要的是要用辩证的发展的眼光看待人的成长过程，看待人的过失与挫折。帮助人的成长、成熟，要有爱心、有耐心、有信心，当然还要有方法。什么方法？请参看下节。

四、责善为朋友之道

劝勉向善是朋友相处应尽之责；劝勉要有正确的方式方法——"忠告而善道之"。意即忠言相告，而且要善加引导。何谓"善"？作者写道："悉其忠爱，致其婉曲，使彼闻之而可从，绎之而可改，有所感而无所怒，乃为善耳。"大意是说，怀忠诚爱护的心意，持委婉曲折的态度，使他能够接受，肯于改正，内心有所触动而不反感恼怒。

反之，"故凡讦人之短，攻发人之阴私以沽直者，皆不可以言责善。"

我们不能如此对待他人，但如果有人用这种方式对待我们，该怎么办呢？王阳明明确表态："凡攻我之失者，皆我师也，安可以不乐受而心感之乎？"

这里说的朋友相处之道、劝勉之术，同样适用于师生关系。作者写道："人谓'事师无犯无隐'，而遂谓师无可谏，非也。"引语出自《礼记》。大意是说，侍奉老师既不能冒犯师之尊严，亦不可隐匿师之过失。如果对此偏颇地理解为不能对老师进行劝谏，那就错了。当然，劝谏老师要有恰当的方法——"直不至于犯，而婉不至于隐耳。"

王阳明乐于接受劝谏。他说，这是"教学相长"。他在文章的结尾说道："诸生责善，当自吾始。""教条"原是教导学生的，但阳明先生却光明磊落地把自己摆进去，这里体现的教育理念和无私的大爱，堪为师之典范。

《教条示龙场诸生》全文共有四节：立志、勤学、改过、责善。研究者称，这是走向圣贤之道，是致良知的有效路径，是心学之精华。明代学者施邦曜在《阳明先生集要》中评介此文时说："不独可为初学规则，夫人而立志不渝也，好学不倦也，改过不吝也，嗜善若不及也。作圣之功，尽于此矣。当书以置左右。"

从学习与人生的角度研读此文，对如何为人、如何为学、如何为师，都获得宝贵的启示。重要的不是寻章摘句，抄录几句名言，而是以阳明先生的心态和气度来指导学习、思考人生。

刘开《问说》学习笔记

清代文人刘开少年好学，牧牛时常在窗外窃听私塾先生授课，后被接纳就读。十四岁起师从姚鼐，勤奋努力，成为"姚门四大弟子"之一。著有《刘孟涂诗文集》，是桐城派的著名作家。

《问说》的篇幅不长，但影响久远。历史上劝学之作很多，已对学习之重要性讲得很多了，本文未再重复，而是专门讲述如何学习的。开篇的第一句就是："君子之学必好问，问与学相辅而行者也。"为什么呢？因为"非学无以致疑，非问无以广识；好学而不勤问，非真能好学者也。"问学相辅之说简明而深刻，说明是否好问勤问乃是学习成败的关键。这大概也是刘开求学成长的切身体会。

一、为何要"好问"

《问说》旁征博引，列举了三种情况，引用了三个典故。

第一，向贤于己者问。"问焉以破其疑，所谓'就有道而正'也。"典故出自《论语·学而》。"君子食无求饱，居无求安，敏于事而慎于言，就有道而正焉，可谓好学也已。"大意是说，君子生活上不求安逸，工作中勤勉谨慎，常向有道的高人请教以匡正自己，就可以说是好学了。成语"就正有道"就是从这里引申出来的，意指要向有学问和有道德的人请求指正。刘开又加了一句"问焉以破其疑"，强调向贤者请教，重在破解疑难。

第二，向不如己者问。"问焉以求一得，所谓'以能问于不能，以多问于寡'也。"典故出自《论语·泰伯》。曾子曰："能问于不能，以多问于寡；有若无，实若虚，犯而不校，昔者吾友尝从事于斯矣。"大意是说，才能较高的人可以向才能较低的人去问，知识多的人可以向知识少的人去问。知识充实依然谦虚若无，即使被人讥讽也不计较，以前我的友人就是这样做的。寓意是可以以此为榜样。"问于不能""问于寡"，诠释了孔夫子"不耻下问"的思想。刘开又加了一句"问焉以求一得"，强调只要能有一得，就应虚心请教。这可联想到"一字师"的典故。五代诗僧齐己在雪后写了一首《早梅》诗，其中有两句："前村深雪里，昨夜数枝开。"他拿着这首诗去请教诗友郑谷。郑谷评点说，"数枝"非"早"也，不若"一枝"则佳。齐己施礼叩拜，感谢指点。后人称郑谷可为齐己的"一字师"，并以此比喻一个人虚心学习的胸怀，即使比自己多识一字，多知一事，亦应尊为师长。

第三，向等于己者问。"问焉以资切磋，所谓'交相问难，审问而明辨之'也。""切磋"原意是指把玉石加工成器物。成语"如切如磋"，典故出自《诗经·卫风·淇奥》。后来"切磋"多指互相商讨砥砺。"审问而明辨"源自《中庸》的"博学之，审问之，慎思之，明辨之，笃行之。"《问说》引用其中的"审问""明辨"，意在强调互相诘问更能明辨事理。也有人说，"辨"与"辩"曾是同一个字，"明辨之"指的是进行辩论。

总之，虚心好学，问不择人是一种修养。能够以众为师之人，学业必能大有进步。

二、"好问"的传统古已有之

作者在这里又引用了三个典故。

第一，《书》云"好问则裕。"典故出自《尚书·商书·仲虺之诰》，原文是"好问则裕，自用则小"。大意是说，好问则知识充裕，只靠自知则见识狭小。《尚书》是中国最古老的皇室文集，大约成书于前五世纪。那时就已提出"好问"之说，真的是智慧非常。

第二，孟子论"求放心"，并称"学问之道"，学即继以问也。典故出自《孟子·告子章句上》。原文是："学问之道无他，求其放心而已矣。"大意是说，学业成功之道在于找回自己放纵散漫的心。刘开引用此典，关注的是"学问之道"一语，首次把"学问"作为一个词来使用，寓意"学"必与"问"结合，二者相辅而行，不可割裂。大概《问说》开篇所说的"好学而不勤问，非真能好学者也"的根据就在于此。

第三，子思讲"尊德性"，并称"道问学"，问且先于学也。典故出自《中庸》。原文是"故君子尊德性而道问学"。后世学者认为，"尊德性"是"存心养性"；"道问学"是"格物穷理"。至于哪个更重要，各家意见不一。刘开引用此典，关注的是"道问学"一语，把"问"置于"学"的前面，可以说明"问"之重要。

现在我们或可不必对"学问""问学"做过多的比较分析，两种说法同样重要，都是在表述学与问是不可分离的。我们更应关注的是，现实生活中存在哪些两者分离的现象。

三、纠正"有学而无问"的倾向

《问说》引用了很多典故，目的是讲古比今，解决现实的问题。

文中说："古之人虚中乐善，不择事而问焉，不择人而问焉，取其有益于身而已。"大意是说，虚心渴求进步的人，问学既不择事，也不择人，只求有益于自身修养和学业。例如，"舜以天子而询于匹夫，以大知而察及迩言，非苟为谦，诚取善之弘也"。舜帝是圣明天子，尚能向平民询问。这不是偶然的谦虚，而是诚心实意地要广泛听取意见。刘开以此为谦虚好问之典范，接着就尖锐地指出，如今这样的人已不多见，有很多人是"有学而无问"。

原因何在呢？作者简要地归纳了两点：

一是师心自用，自以为是，世上再无可问之事；

二是自命非凡，是己而非人，天下再无可问之人。

两句话，把骄傲之人描绘得活灵活现。这样的人，并不少见。他们自视高人一等，以权威或者真理的化身自居，并好"是己而非人"，借以显示自己高明，于是就不愿问、不屑问、不甘问，甚至是"以问为耻"，觉得有失身份。仔细想来，高傲的人心胸最狭窄，不知天地之大，当然也无法领悟学无止境之理。

"学无止境"一词，首见于《问说》。原文是："理无专在，而学无止境也，然则问可少耶？"意指学业是没有尽头的，所以问岂能少呢？启示我们理应求索不止。

已知与未知的关系，是非常重要而且有趣的话题。古希腊哲学家苏格拉底说："知道得越多，才知知道得越少。"他强调："认识自己的无知就是最大的智慧。"

是"以问为美德"，还是"以问为耻"，是做人做事做学问的一个关键问题。人与人的差距大概就是由此拉开的！颠倒了荣辱观，可能还会有更大的危险。

《问说》中讲："贵可以问贱，贤可以问不肖，老可以问幼，唯道之所成而已矣。"这与韩愈在《师说》中所言："无贵无贱，无长无少，道之所存，师之所存也"的思路和见解一致。可以说，虚心好学，以众为师，是我国优秀的文化传统。

"虚心使人进步，骄傲使人落后"，是毛泽东的名言，千真万确。

1941 年 3 月，毛泽东同志在《〈农村调查〉的序言和跋》中指出，要"放下臭架子、甘当小学生"。把拜人民为师，向群众学习，作为党风建设的重要内容。这为好问之德充实了更深刻的内容。甘当小学生，体现了虚怀若谷的谦逊精神，体现了"俯首甘为孺子牛"的公仆意识。

学习的态度与做人的态度是互为表里的。研讨治学之道必将有助于感悟为人之道。常修"好问"之德，必将有助于学业进步和人才的成长，而且能改善人际关系，促进社会和谐。

学习既要"好问"还要"会问"，《问说》对此没有展开论述，那时也没有批判性思维这个词语。现代科学的发展，对于如何思考，如何提出问题、分析问题、解决问题，已有很多新的研究成果。我们在修养好问之德的同时，学习辩证法、逻辑学、思维科学，可以发现更有效的治学之道，打开智慧之门。教改中倡导的探究性学习，也有很多实践经验值得总结。不久的将来，有识之士或可写出《问说》的 2.0 版。

梁启超《为学与做人》学习笔记

《为学与做人》是梁启超1922年12月27日在苏州学生联合会的讲演稿。迄今已近百年。

一、为什么要进学校

文章开宗明义提出的第一个问题：为什么要求学问？作者的回答非常明确：学做人。

为什么呢？作者解释道：各种专业知识"不过是做人所需要的一种手段，不能说专靠这些便达到做人的目的。任凭你那些件件学得精通，你能够成个人不能成个人，还是另一个问题"。

为学与做人的关系、德与才的关系，看似简单，可是实际上人们的看法并不一致。许多学子把掌握专业知识当作学习目的，并不了解它是"做人所需要的一种手段"。对目的与手段的关系认识不清，主次颠倒，可能导致严重的后果。梁启超尖锐地指出："你如果做成一个人，知识自然是越多越好；你如果做不成一个人，知识却是越多越坏。"他要大家思考，全国人民所唾骂的卖国贼，所痛恨的官僚政客，有没有知识呢？这些人当年在学校时，何尝不与诸君一样在努力学习呢？那么，蜕变的原因何在呢？

接下来，作者引用了屈原《离骚》中的一段话："何昔日之芳草兮，今直为此萧艾也！岂其有他故兮，莫好修之害也！"大意是说，为何从前的芳草，如今简直成了荒蒿野艾！这岂能有别的缘故，都是不爱好修洁的祸害啊！

梁启超曾经力主革新，但是遇到重重阻力，阻力就来自颇有知识的腐儒！古人之教训，今日之现实，使他百感交集。他心情沉重地说道："天下最伤心的事，莫过于看着一群好好的青年，一步一步地往坏路上走。"他大声疾呼："诸君猛醒啊！现在你所厌所恨的人，就是你前车之鉴了。"

梁启超讲的是自身感受，入情入理，故能感人至深。

二、怎样学做人呢

作者引用了古代先哲的"三达德"之说，即知、仁、勇。认为"这三件事是人类普通道德的标准，总要三件具备才能成一个人"。

完成此三事，就是孔夫子所说的"知者不惑，仁者不忧，勇者不惧"。与此相对应，教育应当包括三个方面：知育、情育、意育。知育要教导人不惑，情育要教导人不忧，意育要教导人不惧。"三育"之说，并非是现在学校里讲的智育、德育、体育。它的内涵深刻，中心是学做人。

（一）怎样才能不惑呢

最要紧的是养成判断力。作者对此提出了三个要点：常识、学识和总体智慧，认为这是"知育的要件"，关于前面两点比较容易理解，可是只有这些是不够的。"倘若我们只是学过这一件才懂这一件，那么，碰着一件没有学过的事来到跟前，便手忙脚乱了。所以还要养成总体的智慧，才能得有根本的判断力。"

何谓"总体智慧"？作者解释说，就是"无论遇着如何繁难的事，一定可以彻头彻尾想清楚它的条理"。大意是指把握事物本质，发现事物发展规律的意识和能力。

从学知识到长智慧，教育的境界大不相同了。

梁启超的思路非常清晰，"不惑"主要源于涵养智慧，锻炼思维。知识是重要的，但教育家不同于教书匠，要善于引导学生通过知识的学习由表及里、发现规律、历练思维、增长智慧，"把浑浊的脑筋变成清明"。用现代的话来说，就是磨炼提升思维品质。由此方可做到"知者不惑"。

（二）怎样才能不忧呢

作者先从"仁"字说起。孔子曰："仁者，人也。"意指人格的完善。"仁者"为什么能够不忧呢？作者是这样解释的，忧之所从来，不外两端：一曰忧成败，一曰忧得失。怎么办呢？他引用了老子《道德经》中的名言："生而不有，为而不恃"作为回答。

《道德经》第二章的原文是："是以圣人处无为之事，行不言之教，万物作焉而不辞，生而不有，为而不恃，功成而弗居。夫唯弗居，是以不去。"大意是说，圣人用无为的观点看待世事，用不言的方式进行教化：生养万物而不据为己有，培育万物而不自恃己能，功成业就而不自居。由于不居功，就不会忧失去。

《道德经》第十章又说道："生之畜之，生而不有，为而不恃，长而不宰，是谓玄德。""玄德"指潜蓄而不著于外的德性；自然无为的德性。

简要说来，仁者的人生观认为无一物为我们拥有，既无所得，当然就不会忧得失。

梁启超认为，有了这种人生观，自然会觉得"天地与我并生，而万物与我为一"，自然会"无人而不自得"。

"天地与我并生，而万物与我为一"出自《庄子·内篇·齐物论》。所谓"齐物"，大意是说万物在本原上都是浑然一体的，并不断向其对立面转化。

启示人们要破除世俗的偏执与成见，让心灵达到无拘无束的自由状态。

"无人而不自得"语出《礼记·中庸》，意思是没有人不可以安然自得。

总之，要树立正确的人生观，特别要正确处理人与物的关系，"不是拿学问、劳动等做手段来达某种目的"，为而不争，破除个人对成败得失之忧，可谓"仁者"。

（三）怎样才能不惧呢

这是意志方面的事。把意志作为学做人的重要内容，在理论方面和实践方面都具有非常重要的意义。

如何才能使意志坚强呢？作者引用孟子的一段名言加以说明。

孟子说，浩然之气，"至大至刚，……行有不慊于心，则馁矣。"

这个典故的原文是：

公孙丑曰："敢问何谓浩然之气？"

孟子曰："难言也。其为气也，至大至刚，以直养而无害，则塞于天地之间。其为气也，配义与道；无是，馁也。是集义所生者，非义袭而取之也。行有不慊于心，则馁矣。"

孟子所言的大意是，把它说明白是很难的。浩然之气最宏大最刚强，用正义去培养它而不用邪恶去伤害它，就可使之充满天地之间。浩然之气应与仁义道德相匹配；不这样，它就会像饥饿的人一样衰竭。浩然之气是由正义长期积累而生成的，不是通过偶然的正义行为可以获得的。言行若不符合道义，内心就会惴惴不安，因而心虚气馁！

梁启超认为，锻炼意志有两个要点。

一是要心地光明。俗话说得好："生平不作亏心事，夜半敲门心不惊。"保持勇气，须从一切行为可以公开做起。

二是要不为劣等欲望所牵制。"无欲则刚"的说法，古已有之。更有人说："人之心胸，多欲则窄，寡欲则宽。人之心境，多欲则忙，寡欲则闲。人之心术，多欲则险，寡欲则平。人之心事，多欲则忧，寡欲则乐。人之心气，多欲则馁，寡欲则刚。"（金璎：《格言联璧·存养》）无欲之说、寡欲之说，文笔锐利，都很感人，可是仔细思量又觉得它未必确切。因为，人是不能没有任何欲望的吧！只讲"欲"之多寡，不谈"欲"之是非，论述也不够精准。比较而言，"不为劣等欲望所牵制"的提法，才是合情合理的。《论语》中有句名言："富与贵，是人之所欲也，不以其道得之，不处也。"讲的也是这个道理。总之，以理导欲，破除邪欲，人才可能坚强起来。

意志坚强者是什么样子？作者引用了《中庸》的一段话："和而不流，强哉矫；中立而不倚，强哉矫。国有道，不变塞焉，强哉矫；国无道，至死不变，强哉矫。"大意是说，和顺而不随波逐流，才是真强啊！立于中而不偏不倚，才是真强啊！国家政治清平时不改变，才是真强啊！国家政治黑暗时，宁死不屈，才是真强啊！作者强调，"做人不做到如此，决不会成一个人。"

要成什么样的人呢？这里描述的就是爱国的革新者！

原来，意志坚强不是抽象的争强好胜，而是指在大是大非面前志向坚定，有操守，重气节。研究人的意志、性格，如果只研究心理活动形式，而不关注心理活动的内容，就可能走偏了。

锻炼意志绝非一日之功。怎么办？作者的建议是"非时时刻刻做磨炼意志的功夫不可，意志磨炼得到家，自然是看着自己应做的事，一点不迟疑，扛起来便做。"这大概就是敢于担当的意思吧。

"磨炼"一词既形象又生动。启示我们，刀在石上磨，人在事上练。磨掉"骄娇"二气，练就钢筋铁骨，才可能茁壮成长为栋梁之材。温室里是长不出参天大树的。

文章最后，梁启超讲到学校教育存在的问题。他认为：现在情育、意育可以说是完全没有，剩下的只有知育，其中又只有所谓常识和学识，至于总体智慧靠来养成根本判断力的，却是一点也没有。这种"贩卖智识杂货店"的教育，真是令人不寒而栗！

可是这种教育，一时又改革不来，怎么办？他告诫青年，"要自己抖擞精神进行自救！""自救"就是自强，就是认准"三达德"的方向，做学习的主人、生活的主人。

在100年前动荡不安的时代，梁启超呼唤革新，对青年寄予厚望。深刻的思想，充沛的激情，或许就是革新者的特点。

朱光潜《谈学问》学习笔记

朱光潜（1897—1986），现当代著名美学家、文艺理论家、教育家、翻译家。历任北京大学、四川大学、武汉大学教授。《谈学问》一文见《朱光潜全集》第四卷。

何谓"学问"？这个看似简单的问题，却难以回答准确，而且现实生活中对此存在许多误解。

一、最大的误解在把学问和读书看成一件事

朱光潜先生在本文开篇就明确地点中要害。误在何处呢？例如，子弟进学校不说是"求学"而说是"读书"，学子向来叫作"读书人"，教员只是"教书人"……作者认为，"这种传统观念的错误影响到我国整个教育的倾向"。各级学校大半把教育缩为知识传授，而知识传授的途径就只有读书。

指出了问题，说明了问题的严重性，那该怎么办呢？正本清源，先要把基本概念搞清楚。这也是大学问家的一个特点，点题破题都要抓住根本，是所谓"君子务本"。

何谓"学问"？作者说："学是学习，问是追问。""学问是任何人对于任何事理，由不知求知，由不能求能的一套工夫。"人从堕地出世，没有一天不在学问。"读书不过是学问的方法之一种，它当然很重要，却并非唯一。"为了论证"并非唯一"，作者提出三个论据：

（1）朱子教门徒，一再申说"读书学者第二事"。

典故出自《朱子语类》。原文是"切己第一，读书乃学者第二事。"大意是说，修身是第一位的，是真学问。

（2）制造文字——书的要素——是一种绝大学问，而首先制造文字的人就根本无书可读。

这里涉及文字的起源。文字是人类在漫长的生产生活实践中创造出来的，经历了结绳记事、符号记事、图画、象形甲骨文等阶段。传说仓颉是一个长有四只眼睛的怪人，他观天察地，辨万物之异同，将其形状简化后刻于龟壳兽骨之上，始有文字。神话传说未可全信，但汉字是由象形字演变而来是无可争议的，它源于实践，而不是读书。

（3）子路的"何必读书然后为学"一句话本身并不错。

典故出自《论语》。原文是，子路使子羔为费宰。子曰："贼夫人之子。"

子路曰："有民人焉，有社稷焉，何必读书，然后为学？"子曰："是故恶夫佞者。"

大意是说，子路命子羔去费地为官。孔子说："这是误人子弟啊。"子路说："有百姓，有朝廷官府，何必读书才算学习？"孔子说："我讨厌那些能说会道的人。"

作者引用这个典故时说，孔子责骂子路为让青年学子去做官辩护，并没有说"何必读书然后为学"这句话本身是错的。后来有人注释说，子路这句话的意思是，治理百姓的实践也是学习。

二、最大的误解是如何产生的

一是教师对教学的误解。作者认为，错误的观念如果不全是我们养成的，至少我们未曾设法纠正。而且我们自己没有给青年学子树一个好榜样，激励他们的志气，提起他们的兴趣。

二是对于学问的性质和功用所存的误解。"用"的意义有广义狭义之别。学得一种学问，就可以有一种技能，谋一个职业，这就是功利主义的"用"字的狭义。但是，学问的最大功用并不在此。它的功用何在呢？朱光潜先生有一段至理名言：

"就智慧说，学问是训练思想的工具。一个真正有学问的人必定知识丰富，思想锐敏，洞达事理，处任何环境，知道把握纲要，分析条理，解决困难。就性格说，学问是道德修养的途径。苏格拉底说得好，'知识即德行。'世间许多罪恶都起于愚昧，如果真正彻底明了一件事是好的，另一件事是坏的，一个人决不会睁着眼睛向坏的方面走。中国儒家讲学问，素来全重立身行己的功夫，一个学者应该是一个圣贤，不仅如现在所谓'知识分子'。"

细心品读，这里有三个要点依次递进：训练思想，增长智慧；道德修养，塑造性格；最终目的是立身行己，成为圣贤。此乃学问之大用。

"知识分子"这个称谓，大家都很熟悉。可是你可曾想过从欧洲引进的这个词语，究竟指的是什么呢？以此称呼学者是否确切呢？朱光潜在文中提出，"一个学者应该是一个圣贤，不仅如现在所谓'知识分子'。"此说使学习者、教育者都能耳目一新。我们求学、做学问不是为了积累知识、贩卖知识，而是为了"立身行己"——成语出自《北史·柳虬传》，意即存身自立，行为有度。

学问是为生活。这并不错，但是把"生活"只看成口腹之养，就错误得可怜可笑了。作者在论证时举了一个通俗的例子，"肉体缺乏营养，必自酿成饥饿病死；心灵缺乏营养，自然也要干枯腐化"。作者得出结论：

"学问是精神的食粮，它使我们的精神生活更加丰富。"

"一个人在学问上如果有浓厚的兴趣，精深的造诣，他会发现万事万物各有一个妙理在内，他会发现自己的心涵蕴万象，澄明通达，时时有寄托，时时在生展，这种人的生活决不会干枯，他也决不会做出卑污下贱的事。"

涵蕴万象、澄明通达的胸怀和心境，或可以说是成为圣贤的具体表述；能够如此，两个"决不会"则是必然的。这也是对我中华民族"学以成人"优秀传统的诠释。

朱光潜在文中强调指出："对于学问功用的窄狭而错误的观念必须及早纠正。"这是分量极重的忠告。如不及早纠正，观念窄狭必然导致心胸窄狭，乃至心灵干枯腐化！人世间许多苦恼，不就是庸人自扰的吗？

三、学问的含义

"中国语中'学'与'问'连在一起说，意义至为深妙，比西文中相当的译词如：learning，study，science 诸词都好得多。"这说明，学问这个词是独具中国特色的，是其他语种没有的。学问相连寓意何在？作者回答得很干脆：其一，"学原来离不掉问，不会起疑问就不会有学"。其二，"学与问相连，所以学问不只是记忆而必是思想，不只是因袭而必是创造"。结论是这样的："向来论学问的话没有比孔子的'学而不思则罔，思而不学则殆'两句更为精深透辟。学原有'效'义，吸收前人已有的知识和经验。思是自己运用脑筋，一方面求所学得的能融会贯通，井然有条；一方面由疑难启发新知识与新经验。"

以上引用的三个论断，步步深入，揭示了中国独有的学习观之要义。

朱先生治学严谨，一篇短文就把基本概念说得清清楚楚，真是功德无量。透视如今学界虚夸之风，有不少人喜好玩弄新词儿，可是最缺乏的恰是基本功。

朱先生认为："疑问无穷，发现无穷，兴趣也就无穷。学问之难在此，学问之乐也就在此。"朱光潜先生学贯中西，一生学而不厌、诲人不倦，大概也正是得益于此吧。他启示我们，准确理解学问的含义，端正态度真心做学问，才能成长为成功的学习者，达到乐学之境界。

认识清楚了就要立即行动。朱光潜治学倡导"三此主义"，意即此地！此时！此身！强调"马上就做"，直至养成习惯、寻出兴趣，坚持就变简单了。否则"一个人就会永远在幻想中过活，成就不了任何事业"。（《论读书》）

正确地理解学问，对于教改有重要的指导意义。作者在本文结尾时写道："学校教育，在我想，只有两个重要的功用：第一是启发兴趣，其次就是指点门径。现在一般学校不在这两方面努力，只尽量灌输死板的知识。这种教育对于学问不仅无裨益而且是障碍！"启发兴趣，指点门径，就是要教学生学，培养成功的学习者。毕竟"学问全是自家的事"，教育贵在启发自觉。

叶圣陶《习惯成自然》学习笔记

叶圣陶（1894—1988）原名叶绍钧，字圣陶，现代作家、教育家。

叶老师有一句名言：教育就是"养成好习惯"。为什么呢？1945年他在《习惯成自然》一文中阐释了其中的道理。

"习惯成自然"一语出自《孔子家语·七十二弟子解》："少成则若性也，习惯成自然也。"后来《汉书·贾谊传》中也曾说道："少成若天性，习惯如自然。"大意是说，人在小时候养成的习惯，就如同人的天性一样，成为自动化的行为模式，恒久难变。

"成自然"是什么意思？叶老师解释说："就是不必故意费什么心，仿佛本来就像那样子的意思。"

"习惯成自然"是什么意思？叶老师解释说："达到了习惯成自然的地步，才算是我们有了那种能力。"勉勉强强地做一做，那就算不得有了那种能力。他曾经举例说明，比如说张三记忆力不强，就是张三没有把看见的、听见的一些事物好好记住的习惯。说李四表达能力不好，就是说李四没有把自己的思想和感情说出来的习惯。因此，习惯养成得越多，那个人的能力就越强。

习惯如何养成？叶老师解释说："要有观察的能力，必须真的用心去观察。要有劳动的能力，必须真的动手去劳动。"在实践中，"'知'才会渐渐化为我们的习惯，习惯成自然，才是我们的能力。"

经过以上分析，叶老师得出结论："养成习惯，换个说法，就是教育。"

教育何为？叶老师概括了八个字："养成习惯，增强能力。"他强调，习惯越自然越好，能力越增强越好。他深刻指出："养成良好的习惯，直到终身由之的程度，是一条规律。"

什么是坏习惯呢？叶老师解释说，有两种习惯养成不得。这就是：不养成什么习惯的习惯和妨害他人的习惯。叶老师笔下留情，没有展开论述。我想，学习了《习惯成自然》，大家或可把自己现有的习惯拉个清单，好的、坏的一清二楚，如何除旧更新就不用他人来教了。

什么是教育，什么是能力，学界的论述颇多，有的人惯于玩弄新词，把它说得晦涩难懂。叶老师三言两语把教育、能力、习惯连接起来，使人豁然开朗。

教育怎样从重知识传授转向重能力培养？怎样培养成功的终身学习者？破解这些难题，都可以从《习惯成自然》这篇短文中获得启示。

现在的教育教学，是不是说得太多了？教师说得口干舌燥，学生究竟能掌握多少，怕是难以说得清楚。清代学者颜元指出："心中醒，口中说，纸上作，不从身上习过，皆无用也"，所以他大力倡导"习行教学法"。

教改当务之急是纠正重教轻学、学而不习的偏向，把工作的重点转到养成良好的行为习惯上来。"教者养也"，这也是颜元提出的重要观点。

学习者需要养成哪些好的习惯呢？学习《习惯成自然》使我体会到，有自学的习惯，才能成为终身学习者；有思考的习惯，才能成为探索者；有查资料、做实验、坚持言必有据的习惯，才能成为学风良好的学习者；有制订学习和工作计划的习惯，才能成为时间的主人；有及时整理书包、书桌的习惯，才能成为有条不紊地能干的人；有锻炼身体的习惯，才能成为健康的人……

魏书生老师总结出"好学生学习的十二个习惯"，皆是经验之谈，非常精彩。这就是：记忆习惯（把记忆和时间联系起来）；演讲的习惯；读的习惯；写的习惯；订计划的习惯；预习习惯；适应老师的习惯；大事做不来，小事赶快做的习惯；自己留作业的习惯；整理错题集的习惯；出考试题的习惯；筛选资料、总结的习惯；等等。魏老师说："让老师以教书为乐，让学生以学习为快乐。这快乐要建立在养成良好习惯的基础上。"（网上可以查到全文）

还有学者指出，培养良好习惯要从养成家务劳动的习惯入手。

养成习惯是知行合一的体现。把认知固化为持久的行为能力，铸就人的品质，不就是素质教育嘛！总之，每一个习惯，都在塑造人生。

这应验了那句名言：播种行为，收获习惯；播种习惯，收获性格；播种性格，收获命运。还有人说，先是你养成了习惯，后来是习惯决定了你。

习惯是一点一点养成的，是所谓"积久成性"。古人云，积土成山，积水成渊，积善成德，讲的也是这个道理。培育良好习惯，改变不良习惯，都要循序渐进。特别是青少年的行为尚未定型，教师要善于引导，启发自觉，激发青少年的上进心。叶老师在《改善生活方式》一文中说："所谓'自我教育'，就是不去依傍他人的力量，自己来养成这些好习惯。青年们如果怀着理想的话，如果热切期望实现理想的话，那么急于养成好习惯的愿望就会像火一般的燃烧起来。"

管理、惩戒都是必要的，但要严慈相济。既要依规（不能随意）纠正不良行为，更要善于鼓励良好行为（认错也是优点）。一种行为受到肯定能使人获得愉悦感、成就感，从而乐于坚持下来，逐步养成习惯，或者说是成长的需要。

良好习惯的养成受多种因素的影响，工作颇有难度。所以教师要不断地总结经验，重要的方法是养成反思的习惯。把工作与学习结合起来，在工作中学习，在经验中成长。有经验的老师说，一位教师写三年的反思就有可能成为名师。这也是好习惯的力量。

最后还要说几句，学习叶老师的文风，使我深受教育。千字短文，贴近生活，寓意深刻，把复杂问题说得清清楚楚。不客气地说，现在有些文章有长度没深度，半中半洋的新词儿很多，读起来很费力，能够指导实践的很少；还有些文章错字连篇，成文之后自己却不肯细看一遍，这是什么习惯啊！愿我们都以叶老师为榜样来改进文风，论点求深，文风求实，努力创建有中国风格的教育学、学习学。这也要养成习惯——面向实际，提炼思想，反复修改，精雕细刻，不说空话废话的习惯。叶老师写过多篇论述改进文风的文章，有一篇文章的标题就是：《可写可不写，不写》。一句大白话，令人回味无穷。

古人云："精于理者，其言易而明，粗于事者，其言费而昏。"（杨万里）

"境愈高时言愈浅"，是启功老师在评论白居易时写的一句诗，亦是他本人文风的写照，更是我们晚辈所应追求的意境。

下篇

学习观之我见

浅议"学以成人"

一、"成人"需要学习

探讨"学以成人"是个非常有意义又很有趣的话题。这里说的"成人"不是指成年人，而是指如何成长为人，成长为正常的人、高尚的人。这是漫长的学习过程。自觉努力，就能在人生的赛道上创造佳绩；反之，也是有危险的。有的人成年了，但是没能"成人"，不知如何做人，甚至违法犯罪，最终被罚出场。

《三字经》开篇首句："人之初，性本善，性相近习相远。"说明人的本性与习性是不同的，人与人的差距主要是因学习的状况之不同而拉开的。

联合国教科文组织国际教育发展委员会的报告《学会生存》，系统地阐述了终身学习和学习化社会的理论，其中提出：人的"生存是一个无止境的完善过程和学习的过程。人和其他生物的不同点主要就是由于他的未完成性。"①按照人类学家米切尔·兰德曼在《哲学人类学》中的说法，"人在本质上是不确定的，……自然只完成了人的一半，另一半留给人自己去完成。"所以，人是要在学习中成人的。

换个角度来说，不经学习，"另一半"的任务就难以完成，人就难以成人。

1920年在印度的加尔各达，猎人发现了两个在狼群中长大的"狼孩"，小的不到两岁，救回来不久就夭折了；大的约有七八岁，又存活了十年。"狼孩"是怎样生活的呢？她用四肢爬行，白天缩在黑暗的角落里睡觉，夜里像狼一样地嚎叫，四处游荡，喜欢吃生肉，但要把肉扔在地上用手撕开来吃。经过人们的精心照料，她4年后掌握了6个单词；5年后学会了两脚步行，但始终没真正学会说话，智力水平大致相当于三岁半的儿童。这个身体健全的人，生活却完全不像是人。

中国有过类似的故事，1983年在辽宁省台安县发现了一个"猪孩"。她的生父是聋哑人，生母有智力缺陷，怀她4个月后改嫁到山村的养猪人家里。出生以后，继父不喜欢她，母亲无法正常抚养她，于是她就经常爬进猪圈，跟小猪一起吃猪奶，啃草根，并常和猪睡在一起。她在家庭和猪圈两边生活，

---

① 联合国教科文组织国际教育发展委员会. 学会生存：教育世界的今天和明天［M］. 华东师范大学比较教育研究所，译. 北京：教育科学出版社，1996：196.

年近 8 岁，不会穿衣吃饭，说不清话，不知颜色、大小、多少，智商只有 39。中国医科大学邀请了多位专家，共同对她进行检查会诊，确认她是后天环境导致的心理障碍，对她实施了为期三年的"人性恢复工程"。经过反复调教训练，三年后她上了小学，逐渐过上了正常人的生活。1994 年 7 月 19 日《光明日报》发表了一篇《"猪孩"喜结良缘》的报道。

"人的未完成性"说明学习的重要性、永恒性。人学习了什么就会成长为什么样的人，是所谓"近朱者赤，近墨者黑"（傅玄《太子少傅箴》）。"成人"具有相对性，因为人是会变的，或变好，或变坏。故学习不可不勤、不可不慎。

总之，"成人"是学的目的，学是"成人"的途径。只有学习精彩，生命才会精彩；只有学习成功，才会有成功的人生。

二、君子学以美其身

学有"君子之学"与"小人之学"的区别。

近年来，连续有博士官员因腐败而落马的消息传来，已经引发大量评论。我们可以从学习的角度，剖析一下这些令人痛心的案例。

在轰动一时的不雅视频中，竟然有一位拥有教育学博士学位的某市教委领导人。传说此人天资聪颖、口才出众、工作也有些业绩。他读过很多书，讲过很多大道理，教育过很多人，可就是管不住自己的思想和行为，被一个低水平的诱惑打倒了，成为又一个有知识、没修养的典型。

某市市委宣传部原部长黎某，因贪污受贿被查处，为减轻处罚，他对司法人员说："我从本科到博士研究生，攻读的都是国际共产主义运动史，这个专业目前在中国已经人才不多了，我手头正在做《社会主义 400 年》第三卷……希望给予从宽处理……"违法犯罪之后仍然认为自己是研究共产主义的"人才"，真的令人啼笑皆非。如此人品，如何治学。

电视片《零容忍》震撼人心。腐败的案例中竟然有师范大学的一位领导人。她教育别人"学为人师，行为世范"，还在研究思想政治教育方面颇有"成果"。暗地里却在用学校的招牌违规办学，为亲属谋利敛财。在中央巡视组进校以后，她自首了，后来被宽大处理了（开除党籍，调整退休待遇；收缴其违纪违法所得），可是留给人们的思考却远未结束。

教育界的两面人是从何而来的呢？从"学以成人"的角度分析，我们有必要重温孔夫子的教导。

孔子说："古之学者为己，今之学者为人。""为己之学"意指学习的目的应是修德立身，而不是媚俗取宠，沽名钓誉。

后来，荀子在《劝学》中进一步解释说："君子之学也，以美其身；小人之学也，以为禽犊。"大意是说，君子学习是为了求得自身的完美向善，小人学习是将知识当成家禽小牛之类的礼品去换取名利。

"君子之学"与"小人之学"的对比，言简意赅，点明了学习观的核心。学习的目的不同，得到的结果完全不一样。有的人把知识当作向上爬的工具，他们会说会写会迎合，就是不会身体力行，不会改造和完善自己。按照以著作多少论英雄的管理办法，他们或有可能成为"博士""专家"。可是实践是不留情面的，实践检验的结果，终究会使他们原形毕露，成了又一个反面教员。文章是人的作品，人自身的行为岂不更是人的作品！

"君子之学"的威力无穷。中国研制"两弹一星"，是在外国严密封锁的情况下，自力更生，迅速走向世界前沿的。靠的就是强国富民的志向，顽强拼搏的毅力，严谨求实、勇于创新的作风。这也是对"君子之学"做出的最有说服力的解读。

从突破原子弹到突破氢弹，美国用时 7 年 3 个月，苏联为 6 年 3 个月，英国为 4 年 7 个月，法国为 8 年 6 个月，而中国仅用了 2 年 8 个月。西方科学家评论说："中国闪电般的进步，神话般不可思议。"

中国核物理学家于敏被誉为"氢弹之父"。他将诸葛亮的"淡泊以明志，宁静以致远"奉为圭臬。他认为："所谓宁静，对一个科学家而言，就是不为物欲所惑，不为权势所屈，不为利害所移，始终保持严格的科学精神。"他隐姓埋名，赤心报国。晚年在《抒怀》诗中写道："身为一叶无轻重，愿将一生献宏谋。"

人的一生要学习的东西很多，比积累知识更重要的是净化灵魂，是精神生命的成长。有知识没修养，不会做人，不论骗得多少花环，都是无用的。

当然，一时没有学好，可以再学。如果没有学好，又装腔作势，会上一套、会下一套，就可能是病入膏肓，非常危险了。

有人说，现在社会上的诱惑因素太多，所以难免失足。诱惑确是客观存在，期望社会上完全没有诱惑，就像期望完全消灭病毒一样，大概是不现实的。所以，正视现实，我们只能是努力增强自身的免疫力，学会在复杂的社会环境中正确地分辨选择，见贤思齐，见不贤而内自省。更积极一些，遇到丑恶现象敢于斗争，正可以为民除害立功！

"出淤泥而不染"出自周敦颐的《爱莲说》。细细品读，似能闻到一股香气。灵魂要有香气，做人要有骨气，否则，何以立于人世。

学习观乃是人生观的一种反映。可以从人生的角度看待学习，也可以从学习的角度透视人生。

学以致用，实践第一是学习观的核心。所谓"用"，既指用于解决工作中存在的问题，更是指用于修养和完善自身。要把改造客观世界与改造主观世界很好地结合起来。习近平总书记说："在认识和改造客观世界的过程中不断推进认识和改造主观世界，通过认识和改造主观世界不断推进认识和改造客观世界，这是中国共产党人推动党和人民事业前进的规律，也是领导干部成长进步的规律。"（《学习时报》，2013 年 4 月 28 日）

学以成人要强调"五不比"：要勤于学习，不比文凭比水平；要精于务实，不比唱功比做功；要严于自律，不比奖杯比口碑；要精于团结，不比和气比和谐；要勇于创新，不比做官比做事。

"千教万教，教人求真；千学万学，学做真人"是陶行知先生的名言。

谈学习，首要的是认认真真地学习做人，"求真"就是要学深悟透，真学真做，力戒虚伪。

1957 年 11 月，毛泽东在莫斯科大学对中国留学生说："世界上怕就怕'认真'二字，共产党就最讲认真。"

2013 年 12 月，习近平总书记在中央政治局第十一次集体学习时讲话说："对我们共产党人来说，讲'认真'不仅是态度问题，而且是关系世界观和方法论的大问题，是关系党的性质和宗旨的大问题，是关系全局的大问题。"

三、非志无以成学

如何学习更有成效呢？这里先要讨论"立志"的问题。

诸葛亮在《诫子书》中说："非学无以广才，非志无以成学。"这句名言精确地说明了才、学、志的关系。学为广才之道，志乃成学之本。

立什么志？荀子说："为世忧乐者，君子之志也；不为世忧乐者，小人之志也。"这同前面讨论的"君子之学"与"小人之学"的问题，观点是一致的。

宏志文化是中华民族优秀传统文化之精华。历代思想家、教育家有关励志的论述非常之多，也非常精彩。大家知道下面这些名言是谁说的吗？知道的请抢答。

"志当存高远"；

"心随朗月高，志与秋霜洁"；

"志不强者智不达"；

"人品、学问，俱成于志气"；

"志不立，如无舵之舟，无衔之马，漂荡奔逸，终亦何所底乎？"

"人无志，非人也"；

"孩儿立志出乡关，学不成名誓不还"。

答不上来的同学可以上网去搜一搜。这些名言都在说明成长的金钥匙在自己手里。你同意吗？

我看见有些人犹豫不答，可能"金钥匙在哪儿"的问题，还要进一步研讨。

有人认为，人能否健康成长取决于环境，人是环境的产物。对这个观点你是否同意？

客观环境对于人的成长确实具有很大影响。古代有"孟母三迁"的故事，荀子有"居必择乡"之说，讲的就是选择环境的重要。可是事情不能绝对化。仔细观察现实生活就能发现，在同样的环境中，人的发展状况仍然有很大差别，同一家庭、同一班级的成员，成长状况也大不一样，这该如何解释呢？条件很好的学校也有差生，条件较差的学校也有好学生，这又说明了什么呢？

上网搜一搜"主观能动性"，可以从哲学层面对此加深理解。

看来，人之成长是主客观因素相互作用的结果。环境好只是成长的可能性，要把可能性变为现实性，还取决于人的主观努力。再说，环境总是兼有利弊的。舒适安逸也可能使人懒惰，艰难困苦也可能使人坚强。人如何积极的适应和利用环境才是关键。

有一本小册子：《自学成功的科学家》，介绍了许多卓有成就的科学家、发明家，都是在很艰苦的条件下成长成才的。例如：

我国的数学家华罗庚，在江苏金坛县初中毕业，15岁到上海职业学校读过一年，因家境贫寒而辍学。在杂货店当学徒时，经常向友人借数学书来读，父亲说他在读"天书"。后因患伤寒病，终身残疾，但他坚持自学，20岁时曾发表文章向权威挑战，被清华大学的教授发现，把他调进清华。因为学历低，只能安排在系里当助理员。他继续自学，后来留学剑桥，听课甚多但不读学位。华老师一生的成就巨大，在履历表"学历"一栏中，一直填写的是初中毕业。人们说他是天才。他晚年写诗云："勤能补拙是良训，一分辛苦一分才。"

诺贝尔，瑞典人，只读过一年小学，后随父亲移居俄国，那里没有适合他就读的学校，所以请了一位家庭教师。后来他自学多种外语。17岁时又随父亲去英国，在那里当学徒，自学了科学技术。30岁时，试验硝化甘油爆炸成功，获得专利。但它很不安全，他的弟弟被炸死，父亲被炸伤。34岁时发明了雷管。诺贝尔在很困难的条件下取得多项成就，晚年决定用遗产设立诺贝尔奖奖金。

爱迪生，入小学三个月，曾被视为"低能儿"而被迫辍学。后来当过报童、电报工，靠自学和刻苦钻研成为发明家，一生登记的专利达 1 328 种。

瓦特当过钟表修理工；法拉第当过订书匠……

事实证明，人在环境面前不是无能为力的，人是能够适应环境、利用环境、改变环境的。打开成长大门的金钥匙在哪？在自己的手里！

萧伯纳说："人们通常将自己的一切归咎于环境，而我却不迷信环境的作用。在这个世界上，有所作为的人总是奋力寻求他们所需要的环境；如果他们未能找到这种环境，他们也会自己创造环境。"（《华伦夫人的职业》）萧伯纳把"有所作为"同"创造环境"联系起来，体现着积极的人生态度。

萧伯纳本人也正是这样闯出来的。他中学毕业后，因家庭经济困难未能继续深造，此后当过缮写员、会计，写过一些评论，后来参加了许多讨论社团，广泛涉猎各种学说，获得多种生活体验，最后全身心地投入写作，规定每天必须写作 5 页纸……经历了千辛万苦而后成为大文豪。

"自古英雄多磨难。"学会在复杂环境中健康成长，才可能成为强者。要对环境持辩证分析的态度，要重视环境的作用，但不要迷信环境，不要低估人的主观能动性。聪明的学习者能够把可能利用的条件都利用起来，把能干的事情认真干好，成功就有了坚实的基础。每个人难以决定环境，但可以决定自己的态度；态度积极，处处都有机会；抓住机会，就可能改善处境。

总之，一要辩证地认识环境；二要积极地适应环境；三要努力改善环境——不妨从努力营造小环境开始。

把人的未完成性与人的主观能动性结合起来，可以更全面地理解学习的意义。

成长的金钥匙在自己手里，你同意吗？

四、理想和毅力是成功的双翼

问题讨论："心想事成"是可能的吗？

这是一句祝福语。冷静想来，实现的可能性很小。如果"心想"指的是理想，那当然是重要的，但没有艰苦奋斗的毅力，理想也绝不可能凭空实现。哲人说，理想和毅力是成功的双翼。

立志既要明志向，还要有志气。许多青年朋友都有成才的志向，较为缺乏的可能是志气（毅力）。这大概是许多人"壮志难酬"的重要原因。毅力，指坚强、持久的意志。

2014 年 4 月，习近平总书记在知识分子、劳动模范、青年代表座谈会上的讲话中说："广大青年要保持初生牛犊不怕虎的劲头，不懂就学，不会就练，没有条件就努力创造条件。'志之所趋，无远弗届，穷山距海，不能限也。'对想做爱做的事要敢试敢为，努力从无到有、从小到大，把理想变为现实。"

讲话中引用的古语出自《格言联璧》。大意是说，意志所向，没有不能达到的地方，即使是山海尽头，也不能限制。

我国中科院研究生院教授杨佳，15 岁上大学，19 岁毕业，任英语教师。29 岁正是她风华正茂之时，眼睛失明。杨佳开始学习盲文，用听书代替看书，用敲击键盘代替手写。在经过无数次失败之后，她又一次站在了心爱的讲台上。

她怎样教课呢？经常在早 6 点半由父亲陪她出发，提前到教室熟悉环境、教学仪器；上课时，她用左手扶着黑板，右手写出漂亮的板书。在教学质量评估中，博士生们给她评了 98 分。学生说，从杨老师身上既获得了知识，还获得了乐趣和做人的道理。作家刘恒在报告文学《小杨教书》中写道："听杨佳老师讲课是一种美的享受……优美的语调，优美的手势，优美的笑容，让平凡的教室洒满了圣洁之光！"

杨佳为了深造，考上了美国哈佛大学肯尼迪政府学院，攻读公共管理硕士学位，师从约瑟夫·奈。她克服了重重困难，以优异成绩完成学业，成为哈佛大学建校 300 年来第一位获 MPA 学位的外国盲人学生。她的论文《论邓小平的领导艺术》被定为肯尼迪学院的范文。学成归来，她开设了新课程《经济全球化》《沟通艺术》，将哈佛 MPA 课程本土化，受到同事和学生的欢迎，被评为"杰出贡献教师"和中国科学院"创新文化建设先进个人"。杨佳还在残疾人事业上做出了重要贡献。

杨佳老师说："失明将我的人生一分为二，29 岁之前，我是在超越别人；29 岁之后，超越自我。一个人可以看不见，但不能没有见地；可以没有视野，但不能没有眼界；可以看不见道路，但绝不能停止前进的脚步！100 次摔倒，可以 101 次站起来！"

杨佳老师和许多成功人士的事迹启示我们：

坚忍不拔的毅力来自崇高的理想。心中有理想，脚下有力量。理想淡漠，信念缺失，空谈毅力是无益的。是所谓"人无善志，虽勇必伤"。（《淮南子》）

坚忍不拔的毅力来自恒心。要锁定目标，始终不渝；从小事做起，从每一天做起。是所谓"锲而舍之，朽木不折；锲而不舍，金石可镂"。（《荀子》）

坚忍不拔的毅力来自耐挫能力。要辩证地分析挫折的两重性，承认挫折是对人的打击和伤害，同时认定它对人也是一种磨砺，人的耐挫能力强，就

能够经历磨炼而走向成熟。是所谓"艰难困苦，玉汝于成"。(张载)

明志向、养志气，要制定具体目标。目的可以很美好、很远大，但要付诸行动就需制定具体的阶段目标和行动规划。目标，是目的加上可计量或者可估量的指标。目标体现目的，规划落实目标。这样才可能"顶天立地"——既能仰望星空，又能脚踏实地。有目标、有规划，才可能有自觉的行动，一步一步地、扎扎实实地走向成功。

最后还有人问：立志是不是很难啊？

这很难回答"是"或者"不是"。因为事在人为，肯干就不难，不肯干就很难了。需要研讨的是难在何处。我们借用古人的名言来回答吧。韩非子说："是以志之难也，不在胜人，在自胜也。故曰：'自胜之谓强'。"("自胜"的典故出自《老子》。原文是："胜人者有力，自胜者强。")

新疆有一句美妙的谚语："不是每一朵花都能盛开在雪山之巅，雪莲做到了；不是每一棵树都能屹立于沙漠戈壁，胡杨做到了。"

强者都不是天生的，只能源于意志坚定，勤学苦练。

再问一次，成长的金钥匙在自己手里，你同意吗？

浅议"学会学习"

我们寒窗苦读十多年，肯定是增长了很多知识，如果有人要问，你是否乐学会学？就很难回答了。

这个问题，我也问过很多人。学子们多是笑而不答，是苦笑，是冷笑，我说不清。虽然对此做完全否定回答的并不很多。但多数人的感觉是与乐学会学的境界依然相距甚远，有点遗憾。解此难题，有必要探讨一下学习观，从与学习有关的基本观念入手，或能觅得高效学习之道。

一、学与思

学与思是个古老而又新鲜的问题。孔子曰："学而不思则罔，思而不学则殆。"（《论语·为政》）两千多年以前，孔子已经探讨了学与思的关系问题，揭示了学习观的关键。《中庸》把学习概括为五个要点："博学之，审问之，慎思之，明辨之，笃行之。""思"贯穿于各要点之中，并把它们连接起来。

后来，更有学者说："为学之道，必本于思，思则得之，而不思则不得也。"（程颐：《遗书》）

对"思则得之"如何理解？

把书本上的东西变为自己的需要思考；把感性的东西变为理性的东西需要思考；把零散的、孤立的东西变为相互联系的、系统的东西需要思考；把粗浅的东西变为精深的东西需要思考；如何把书本知识用于实践需要思考；在实践中遇到挫折能否另辟蹊径需要思考；在继承前人的基础上能否创新需要思考……学习，是有思想的劳动。

"不思则不得"指的是什么？

审视现实可以发现，一个是久治不愈的顽症：死记硬背。记忆当然重要，但是，只有经过思考，才能理解知识，牢固记忆。否则"考完就忘记"是必然的。苏霍姆林斯基认为："用记忆替代思考，用背诵替代对现象本质的清晰理解和观察——是一大陋习，能使孩子变得迟钝，到头来会使他丧失学习的愿望。"（《把整个心灵献给孩子》）

另一个是时髦的浅阅读。碎片化的信息无奇不有，可是它并不等于科学知识，更不等于理论。如果被那些华丽的浅见蒙蔽，"你传我也传，都不知道所以然"。长此以往，不只是忙忙碌碌，少有收获，而且可能会使思维能力退化。

正确理解学与思的关系，已经成为改进教与学的关键问题。

2018年五四青年节前夕，习近平总书记视察北京大学，在与师生座谈时告诫学子们说："学习就必须求真学问，求真理、悟道理、明事理，不能满足于碎片化的信息、快餐化的知识。要通过学习知识，掌握事物发展规律，通晓天下道理，丰富学识，增长见识。"

求真学问，重在明理。"理者，物之固然，事之所以然也"（王夫之）。学习要做到知其言更知其义，知其然更知其所以然。意即透视本质，掌握规律。善于从纷繁复杂的矛盾中把握规律，表明思维深邃犀利，有穿透力；能够按规律办事，才可减少盲目性，成长为行家里手。这当然很不容易。思考中遇到问题难解，才会更加勤奋学习，是所谓"思之困则学必勤"。（王夫之）

学会学习的核心是学会思维。

思维能力是人的高级智能，指大脑观察、分析、解决问题的能力。正常人都能思维，但是不等于思维能力强。这就如同健康的人都会说话，但不等于口才好一样。所以思维能力是需要有意识地培养和训练的。

2017年五四青年节前夕，习近平总书记视察政法大学时指出："青年时期是培养和训练科学思维方法和思维能力的关键时期，无论在学校还是在社会，都要把学习同思考、观察同思考、实践同思考紧密结合起来。"

推进教育教学改革，必须抓住培养和训练思维能力这个关键。传授和积累知识是重要的，但是培养和训练思维能力更重要。有些知识可能被遗忘、被淘汰，有些记忆功能可能被智能机器人取代，而思维品质则是能够长期起作用的，无可替代的。物理学家劳厄说："重要的不是获得知识，而是发展思维能力，教育无非是将一切已学过的东西都遗忘时所剩下来的东西。"这个观点，同素质教育的思路相近。当然不是说知识无用，这里强调的是，知识乃是智慧之果，思维能力才是智慧之源。学习者从记忆者转变成为思考者才有可能真正成才。

思维能力包括理解力、分析力、综合力、比较力、抽象力、概括力、推理力、论证力、判断力等，是人的智慧的核心。

培养和训练思维能力，要关注五个要点。

（1）思维的逻辑性。思维过程要严格遵循的逻辑规则和逻辑顺序，概念明确，条理分明，层次清晰，连贯一致，不可自相矛盾或者含糊不清。

（2）思维的敏捷性。要灵活机动，随机应变，能够敏锐地发现问题并做出判断。经常观察新事物、新情况，了解新信息，力求发现新旧知识之间、相关知识之间的联系，有助于快速反应。

（3）思维的发散性（多向性）。一件事有多种做法，一句话有多种讲法。聪明人要善于前思后想、左思右想，多角度、多侧面、多层次地进行思考探究。多向思维才能突破僵局，思维"发散"才能进行比较鉴别，从而有所发现、有所创新。发散性思维对应的是思维的单一性——这极有可能导致思维僵化。

（4）思维的深刻性。这是指透过纷繁的现象深入发现问题的本质，从发展变化中认识事物的规律，或可比喻为透视能力。这要在大量占有资料，反复进行分析辨别、综合归纳，才能有所收获。这是现代人所说的"高阶思维能力"的核心。深刻性对应的是心浮气躁，浅尝辄止。

（5）思维的创新性。学习包括模仿，创新则要求超越模仿。创新性思维是以创新为目标的多种思维——发散思维、聚合思维、形象思维、抽象思维、灵感思维（顿悟）的复合活动。创新性思维有多种特征，简要地说，主要是独立性和独特性。创新性思维对应的是盲从、迷信、墨守成规。创新性思维要以渊博的知识为基础，但不局限于已有的知识。有人说，知识的重新组合就是创新。创新性思维离不开丰富的想象力，又有人讲，想象是创新（思维）之母。

提高思维能力的途径很多，重要的是认真学习唯物辩证法，同时在各科教学中要优化学习方式，变灌输式学习为探究性学习，引导学生在释疑解难的过程中，动手动脑，相互切磋，"真刀真枪"地磨炼思维。有学者提出，教师要把思维培育的旗帜举得高高的，为思维而教，教会思维。

提高思维能力并不仅仅是思维方法问题。智力因素与非智力因素交互影响，相依而存在。情感、意志直接或者间接影响着思维活动。优秀的学习者首先要有良好的心态，或者说是善于调整心态。教师要善于以情育思，使教学更有温度、更有智慧，从而助人乐学会学。"乐学"即是情与思良性互动之结果。育人切忌薄情。盲目施压，制造恐惧，会迫使学习者的思绪混乱、能力下降，日久天长就可能酿成一批精神萎靡的厌学者，在此种情景中工作，教师也会疲惫不堪。

从防止不思，到提倡深思，再到培养和训练思维能力，我们对学与思关系的理解，正在步步深入，但也可能只是理解这个深刻思想的序幕，需要破解的难题仍有很多很多。

二、学与问

思维活动的起点在哪儿？在于问题的提出。这就像是起跑线上的信号枪，枪声响起，思维开始奔跑。思维总是带有问题性的。问题是学思结合的中介，是所谓"以疑启思"。

"学问"这个词，真的很奇妙。"学"和"问"本来是两件事，《周易》中说："君子学以聚之，问以辩之。"讲的是学以积累知识，问以明辨真伪，两者紧密联系。后人索性把它俩组成一个词，可能意在强调两者相互促进，相伴而行在同一过程之中。

学习是不断探索未知的过程，是不断的质疑与释疑的过程。

把学和问两者结合起来并不容易。不知始于何时，背诵答案、有学无问的倾向不断地发生发展，成为学习者一大病患。所以有识之士一再对此提出警告。

《中庸》的名言："好问近乎智。"

汉代学者刘向说："不好问询之道，则是伐智本而塞智原也，何以立躯也。"大意是说，不愿向人询问请教，就是切断智慧之根本，堵塞智慧之源头，还怎能立身处世呢？

南宋哲学家陆九渊讲："为学患无疑，疑则有进，小疑小进，大疑大进。"

明代思想家陈献章进一步解释说："前辈谓学贵有疑，小疑则小进，大疑则大进。疑者，觉悟之机也，一番觉悟，一番长进。"大意是说，学习要有质疑的精神，此乃觉醒领悟之基点。

清代理学名臣陈宏谋认为："古人学问并称，明均重也，不能问者学必不进。"

清代文人郑板桥也说过："学问二字，须要拆开看，学是学，问是问。今人有学而无问，虽读书万卷，只是一条钝汉尔。"这话说得有点沉重，自古以来学成"钝汉"之人大概不少。郑板桥主张"读书好问，一问不得，不妨再三问，问一人不得，不妨问数十人"，以使"疑窦释然，精理迸露"。

清代学者刘开著有《问说》一文，是专门研究"问"的。开篇第一句就是："君子之学必好问，问与学相辅而行者也。"为什么呢？因为"非学无以致疑，非问无以广识；好学而不勤问，非真能好学者也"。问学相辅之说简明而深刻，说明是否好问乃是检验是否好学的关键。可是，为什么有些人"有学而无问"呢？作者在剖析原因时指出，这多是因为某些人自以为是，自命非凡，于是就不愿问、不屑问、不甘问，甚至是"以问为耻"。高傲之人失去了学习的动力，当然不会有好的结果。"虚心使人进步，骄傲使人落后"是规律性的判断，适用于任何人，适用于所有学习者。

"学无止境"一词，首见于《问说》。原文是："理无专在，而学无止境也，然则问可少耶？"意指学业是没有尽头的，"问"岂能少呢？启示我们开阔视野，求索不止，要"以问为美德"。

学会学习、提高学习能力要从虚心好问，勇于质疑入手，并养成习惯。

科学家说，问号是开启一切科学之门的钥匙。管理学家讲，问题具有向导功能，是掩盖着的机会。陶行知写过一首诗《每事问》："发明千千万，起点是一问。禽兽不如人，过在不会问。智者问得巧，愚者问得笨。人力胜天工，只在每事问。"李四光的名言一针见血："不怀疑不能见真理。"

2013 年 7 月，习近平总书记在中国科学院考察工作时鼓励科研人员："凡事要有打破砂锅问到底的劲头，敢于质疑现有理论，勇于开拓新的方向，攻坚克难，追求卓越。"2016 年 5 月，习近平总书记在哲学社会科学工作座谈会上深刻地指出："坚持问题导向是马克思主义的鲜明特点。问题是创新的起点，也是创新的动力源。"

质疑不是消极的，也不等于否定一切。理解性质疑，意在了解是什么、为什么；评判性质疑，意在了解对不对、好不好；发展性质疑，意在展望前景。

全面理解"学问"的含义，对于推进教改、提高学习的实效性具有重要意义。前几年有人调查发现，中学生主动提问的很少。初中生能够积极答问的约占 45%，能够主动提问的约占 15%。到了高中，能够积极答问的比例与前者大致相同，能够主动提问的降至 9%。原因何在？调查者分析发现了四个问题，即情绪障碍（怕提问被老师认为我很笨），思维惰性，少有机会，缺乏指导。这里既有客观原因，又有主观因素。

"无疑之学"是如何形成的呢？可能源于"无疑之教"，源于注入式的、死记硬背的教学法。所以，改革要从源头抓起。

习近平总书记在学校思想政治理论课教师座谈会上指出："注重启发性教育，引导学生发现问题、分析问题、思考问题，在不断启发中让学生水到渠成得出结论。"

第一，教学要善于设问，并且鼓励学生提问。我国桥梁专家茅以升曾经在多所高校任教，他的教法别具一格。他说，过去讲课有个老习惯，教师提问要学生回答，我在任教的时候，更多的是倒过来，让学生提问题由教师回答，或这个同学提问让那个同学回答。学生提的问题教师答不出来，就给这位同学以满分；你提不出问题，就请你回答后面同学提出的问题。有些问题课堂上不能解答，就成了学生的课外作业，有的还成为我的研究课题。茅以升先生治学的"十六字诀"是："博闻强记，多思多想，取法乎上，持之以恒。"近几年在教改中涌现的新经验很多。有一所学校每周评选一次本班的最佳提问，奖励一朵小红花。这个小创新，意义可不小。以前人们认为，善于答问的就是好学生；现在变了，善于提问才能受到表扬。引导学生学会发现问题，乃是教学的智慧，也是激发学习内驱力的一个妙招。

第二，要大力倡导探究性学习，把学与问的结合落实到教学方式上。要精选课题，指导学生"带着问题学"，为攻克难题而学。"带着问题学"的过程是艰苦的，成功的体验，失败的教训，都能使人得到锻炼，使思维更加缜密，性格更加成熟。知识和经验是人才成长的双翼，成长贵在敢试敢闯。

第三，校园要大力开展学术活动。讨论、争论、辩论是重要的学习方式，从中可以学会如何运用知识，如何思考和分析问题，如何正确地表达论证，如何对待不同意见。相互提问质疑，是动口、动脑、动情的真学习。思维在碰撞中激活，学术在交流中发展，必能促进学习的深入。即使一时没能解决问题，但发现未知更能激发学习和思考的积极性，而且有助于培育科学精神。学生说得好："死记硬背学不会，不如参加一次辩论会。"

最后还要重申，强调"问"之重要，是因为它被忽视了，过于稀缺了，并非是提倡只问不学。朱光潜先生在《谈学问》中讲的全面而深刻："学与问相连，所以学问不只是记忆而必是思想，不只是因袭而必是创造。……犹如吸收食物加以消化之后变为生命的动力。食而不化固然是无用，不食而求化也还是求无中生有。论学问的话没有比孔子的'学而不思则罔，思而不学则殆'两句更为精深透辟。"

到底什么是"学问"呢？或可这样理解："学问"是以疑启思、以学释疑的求知过程。有"学问"的人，不只是见多识广，知识渊博，而是好学好问、会学会问，勇于探索未知，有所创新，又能谦恭自守之人。

荀子说："不知则问，不能则学，虽能必让，然后为德。"

培育有德的学习者，是建设学习强国的基础工程。

三、学与习

《论语》开篇第一句话就是："学而时习之，不亦说乎。"对"习"字的理解可以是温习、复习、练习；也可以理解为实践、应用。我认为后者的意见更为重要，理解全句的大意是说，所学能有机会用于实践，是愉快的事。用现代的话来说，就是价值的实现吧。

还有一个类似的典故。曾子曰："吾日三省吾身：为人谋而不忠乎？与朋友交而不信乎？传不习乎？"（《论语·学而》）前两句，反省自己为别人办事是否尽心尽力，与朋友交往是否真诚守信，大家的理解并无疑义。对于第三句"传不习乎"的解释就不尽相同了。有人理解为老师传授的知识是否复习了？也有人理解为老师传授的知识是否实践了？我赞成后者的意见，学到的东西能否做到，是值得反思的。这个问题非常重要，所以能够与不忠、不信并列。

从认识论的角度来说，"学习"是闻知与亲知的结合。人不可能事事亲知，所以要重视"学"，汲取他人的宝贵经验；但是闻知并不能取代亲知，所以要重视"习"，在实践中检验所学，丰富所学，求得真知。最终目的是学以致用。

"学"和"习"是紧密关联着的。可是多年以来，或者是学而不"习"，或者是把"习"仅仅理解为复习，已成为学界久治不愈的顽疾。古人早已对此进行过严厉批评。有学者说，中国传统哲学是"行"的哲学。注重践行、躬行，是我国优秀传统文化的一大特点。例如：

孔子曰："力行近乎仁。"

墨子说："士虽有学，而行为本焉。"

荀子讲："不闻不若闻之，闻之不若见之，见之不若知之，知之不若行之，学至于行而止矣。"

朱熹说过："为学之实，固在践履。苟徒知而不行，诚与不学无异。"

陆游的名言："纸上得来终觉浅，绝知此事要躬行。"

林鸿的诗云："一语不能践，万卷徒空虚。"

王廷相认为："行得一事即知一事，所谓真知矣。"

王阳明主张："知行合一。"

王夫之提出："知行相资以为用，惟其各有致功，而亦各有其效，故相资以互用。"

颜元倡导"习行法"，批评宋明诸儒"皆以空言乱天下"，浮言之祸甚于焚坑。认为"格物"即是"实做其事"。强调："讲之功有限，习之功无已""心中醒，口中说，不从身上习过，皆无用也。"他举例说："但凡从静坐读书中讨来识见议论，便如望梅画饼，靠之饥食渴饮不得。"大意是说，静坐读书得来的知识，如同望梅止渴、画饼充饥一样，可看而不可用。后来，梁启超在评价颜元时说，颜元"所谓习，绝非温习书本之谓，乃是说凡学一件事都要用实地练习功夫。所以被称之为实践主义"。"习行法"是"以实学代虚学，以动学代静学，以活学代死学"。

陶行知在学校推行"教学做合一"，强调"教而不做，不能算是教；学而不做，不能算是学。教与学都以做为中心"。陶行知的思想更精准地体现了"学习"的本义。

毛泽东认为："读书是学习，使用也是学习，而且是更重要的学习。从战争中学习战争——这是我们的主要方法。"（《中国革命战争的战略问题》，《毛泽东选集》第1卷第201页）

为什么这里用了一个"更"字呢？

　　讲一个故事。1965 年 7 月 26 日，毛泽东在中南海接见刚从海外归来的李宗仁先生时，突然向李宗仁的机要秘书程思远发问："你知道我靠什么吃饭吗？"程茫然不知所对。毛泽东接着意味深长地说："我是靠总结经验吃饭的。以前我们人民解放军打仗，在每个战役后，总来一次总结经验，发扬优点，克服缺点，然后轻装上阵，乘胜前进，从胜利走向胜利，终于建立了中华人民共和国。"这也是对使用是"更重要的学习""从战争中学习战争"的生动诠释。

　　"实践出真知"之说，出自毛泽东的《实践论》。他在文中写道："秀才不出门，全知天下事"，在现代生活中虽然是可能的，"然而真正亲知的是天下实践着的人"。

　　实践可以感悟到书本上没有的知识和智慧。世上有许多知识、经验、智慧，是只可意会而不可言传的，只能在实践中"悟"出来。现代知识理论，把知识分为显性知识、隐性知识两大类。显性知识可以著书、讲授、共享，而隐性知识具有不可言传性，就只能在实践的过程中心领神会。我们从读教育学到会教学，从读医书到会治病，从学习管理学到会管理……增长的大多是未可言传的隐性知识。学生参加社会实践活动之后，会有"胜读十年书"的感受，原因也在于此。

　　实践是知识向能力转化的媒介。衡量人的知识水平，不是看你存储了多少知识，而是看你能够应用多少知识来解决问题。比方说，电脑里存储了很多资料，应用时却调不出来，那如何证明它是属于你的！把知识转化为能力必须经过实践。俗话说："别人讲千遍，不如自己做一遍"，讲的也是这个道理。

　　实践还是检验学习成果的标尺。所学的知识对不对，自己学的好不好，只有在实践中才能找到答案。实践中获得成功，必能巩固所学；实践中碰了钉子，总结教训也是学习，而且能激发再学习的积极性。

　　正确处理"学"与"习"的关系，就要像习近平总书记在北京大学师生座谈会上所说的那样："学到的东西，不能停留在书本上，不能只装在脑袋里，而应该落实到行动上，做到知行合一、以知促行、以行求知"，要坚持"学以致用、用以促学、学用相长。"

　　"学用相长"之说，对深化教育教学改革具有重要的指导意义。当前要大力纠正学而不"习"的偏向，要把课堂教学和实践教学有机结合起来，积极变革教学方式，搭建平台，引导学生手脑并用，在探究中学习成长。"以活学代死学"，既是为了更好地掌握知识，更是为了纠正空谈之风，培养踏实能干的实干家。

许多知识分子的通病是脱离实际，读书、写文章的能力较强，而实践能力相对较弱。由此也形成了不少思想、性格方面的弱点，如空想而不实际，脆弱而不坚强，议论多于行动，当期望碰壁时，又会产生说不尽的悲伤、发不完的牢骚……随着时代的发展，这种人已渐减少。在快速发展的新时代，有所成就的人才，都是在理论与实践结合的过程中磨炼出来的。

1992年初，邓小平同志视察南方时讲过，"空谈误国，实干兴邦"。20年后，习近平总书记在参观《复兴之路》展览时又讲过。启示我们，这是党风建设，也是学风建设的重大课题。

四、自主与主见

同学们在同一个教室，听同一位教师授课，但学习效果却不尽相同。原因何在？除了智力、体力的差别之外，关键是个人能否乐学善学。常言说："师傅领进门，修行在个人。"怎样修行？重要的是变被动学习为自主学习。

"自主学习"是一种积极的学习观，启示我们做学习的主人，要主动的学习，有主见的学习。

"自主学习"好像是个新词儿。其实，它所表达的思想古已有之。现在就来看看我国古代思想家是如何讲的吧。

孟子曰："君子深造之以道，欲其自得之也。自得之，则居之安；居之安，则资之深；资之深，则取之左右逢其原，故君子欲其自得之也。"（《孟子·离娄下》）大意是说，君子深造要有正确的方法，即自己求索获得知识道理。自己获得的方可领悟于心，牢固掌握；牢固掌握方可积蓄深厚；积蓄深厚方可运用自如，所以君子深造重在自悟自得。

这是我国学习理论的一大亮点。叶圣陶先生强调学生必须养成"自己学习的习惯"。他说："无论什么事物，必得待教师讲授过了才去关心，教师没有讲授过的，即使摆在眼前也给它个不理睬，这种纯粹被动的学习态度是万万要不得的。你们大概听说过'举一反三'的话吧。教师的讲授无论如何详尽，总之只是'举一'；学校教育所以能使学生终身受用，全在乎让学生受到锻炼，养成'反三'的能力。"（《中学生课外读物的商讨》）叶圣陶先生对"举一反三"的解释，对于"教"与"学"都具有深刻的指导意义。

（一）自主学习要有正确动机、态度和计划

"动机"乃动力之机。人们的学习动机各不相同。有的人为谋生而学，有的人为升迁而学，有的人为应付考核而学，也有的人盲目地学，还有些人是各种动机兼而有之。动机不同则动力强弱不一。所以要认真地进行自我剖析，认真地做出选择。端正动机是学习好的前提。重要的是树立正确的人生价值观，学习贯彻党的教育方针，立志做社会主义事业的建设者和接班人，做能够担当民族复兴大任的时代新人，志向坚定，才能有自觉的行动。"非志无以成学"，是千真万确的。

良好的动机要落实到学习态度和学习计划上。要尊重老师的意见，又要结合自身特点做出安排，安排好学什么、怎么学。为此要经常反省，了解自己的长项和短板、优点和缺点，制订切合实际的学习计划；并且及时对计划执行情况进行评估和调整。订计划不难，难在能否认真执行。

"读书有捷径吗？"曾经有学生向著名史学家、北京师范大学校长陈垣先生提问。陈老回答说，读书没有"捷"径，但还是有"径"的，这"径"就是由自己走，自己用辛苦劳动去获得的。自己不走，便永远没"径"可言。

陈老认为，读书必须要"眼到、口到、手到、心到"，即是"勤看、勤读、勤写、勤作"，是谓"四勤"，缺一不可。陈老还强调，写笔记的方式是治学的一种好方式，读书有得，就记下来，集腋成裘，就是一条。

更为感人的是陈老讲到自己发表文章，一般是在写好之后要修订若干次，经过两三年后，才拿出去发表的。他认为，文章不要怕改，甚至重写都可以，字句也要仔细推敲，一字不妥，不能放过。

变被动学习为主动学习请从"四勤"入手，并持之以恒。

（二）自主学习要学成己见

学习不只要用力，而且要用脑。清代学者袁枚在《随园诗话》中批评文坛之流弊，"守八家空套，不自出心裁""娱以注疏为古文""娱把抄书当作诗"。他主张，为学要像"蚕食桑"和"蜂采花"那样，"蚕食桑，而所吐者丝，非桑也；蜂采花，而所酿者蜜，非花也。"这个生动的比喻启示我们，学习不是要死记硬背，不要像录音机一样，如实地收录下来，需要时再原样地播放出去，如同食桑不吐丝，采花不酿蜜一样，只能说是虚假的学习！真学习，求真知，就要勤于思考，消化吸收，学成己见。

2014年青年节，习近平总书记在北京大学师生座谈会上讲话时指出，下得苦功夫，求得真学问，"要勤于学习、敏于求知，注重把所学的知识内化于心，形成自己的见解。"

读书学习要挺直腰杆，要敢于与作者对话，而不是"跪听宣读"。在对话中人人都是有主见的主体，有交流论辩、提问质疑，才可能有深度学习；学与问都要联系实际，接受实践的检验，以纠正偏见，完善己见。总之，优化学习方式才能增长智慧，不做"书呆子"。

讲一个真实的故事。2020年，8岁的二年级学生小冯发现语文教科书《羿射九日》中，前一段提到"江河里的水被蒸干了"，下一段又提到"他蹚过九十九条大河，来到东海边"。小同学质疑道："既然晒干了，那后羿是怎么蹚的？是不是课文出错了？"人民教育出版社得知后很快发文称，这位同学敢于质疑，提出了很好的问题。联系上下文"蹚"字的确用得不恰当。教材编写组正在认真研究，会对教材进行适当修改。

我无意因一个错误就贬低教材的编者，但是真心实意地要向这位善于学习，善于思考，学有己见的小同学表示敬意。

（三）自主学习要有良好的学风

做学问是老老实实的事情，容不得半点虚伪。抄袭作弊是在欺人，也是在自欺。善于抄袭的人有可能躲过查重软件，蒙混过关。可是受到伤害的难道不是自己的品德和学业吗！不要把投机取巧耍花招当作聪明。学科学，就要以科学的态度待人待事待己，不论有无外人监督都能言行一致，始终如一。古人云："君子表不隐里，明暗同度。"立德树人的底线当是诚实勿欺。

你赞成推行"无监考的考场"吗？有的班级经全体同学讨论同意，保证不作弊，申请免监考。试行的结果极好，消除了考场的紧张气氛，增强了学生的自尊心，也密切了师生关系。

保持良好学风是自主学习题中应有之义。

新时代科技革命兴起，终身学习的理念应运而生。教科文组织在《学会生存》中提出："新的教育精神使个人成为他自己文化进步的主人和创造者。"1997年召开的"未来的学校"教育大会呼吁："今后需要的是能够自己主导学习与工作的人才，而不是等候指示的下属。"

请审视一下自己的学习状态，是不是已经摆脱"等候指示"的困境了呢？

关于自主学习有待探讨的内容还有很多，这里暂且借用华罗庚先生的一段名言来作小结吧。

"一个人在一生中有三多三少：在校时间少，自学时间多；有老师的时间少，没有老师的时间多；学的知识直接能用的少，需要自己创造的多。"

五、接受性学习与探究性学习

先说一个耶鲁大学法学院两幅浮雕的故事。学院正门的一幅：老师在讲课，慷慨陈词，眉飞色舞，而下面有学生在睡觉。学院后门的一幅：学生分成两排，争论得不可开交，甚至在相互指责，而老师在睡觉。

对此如何解释，没有标准答案。我觉得，作品虽然有些夸张，但是所反映的教学改革前后的变化，确能引人深思。学生由被动的静听转向主动的讨论争辩，成长了，成熟了，未来可期。

2017年，日本学习院大学教授佐藤学来华讲学时说，教师应该是"学习"的专家；好教师都是"安静的"。这个观点颇有深意。也许"安静"比"睡觉"更易于被老师接受。

总之，变填鸭式教学为启发式教学，变接受性学习为探究性学习，各国有识之士的思路是一致的。

接受性学习并非一无是处，但过多地依赖这种学习方式，是不利于人才成长的。因为教师讲清楚了，并不等于学生学会了，更不等于学生会学了。虽然教师的自我感觉良好，但学生收获不多、不牢。所以，要变革教学方式，由教师指导学生开展探究性学习。探究性学习包括五个环节：发现问题、提出设想、探索途径、试验论证、表述答辩。

两种学习方式有什么差别呢？我尝试做这样的概括：

接受性学习的特点。教师主动，学生被动；强调的是理解记忆，复习巩固；重在培养低阶思维；信息传递于师生之间，重在输入。

探究性学习的特点。教为主导，学为主体；强调的是探索思考，自主建构；重在培养高阶思维；信息传递于师生、生生之间，重在输出。

有学者把认知过程分为高低两个层次：记忆、理解、应用为低阶思维，分析、综合、评价为高阶思维——包括创造性思维。

探究性学习引导学习者从观众席走上舞台，是变"教校"为学校，变讲堂为学堂，变"死学"为"活学"的有效方式。

探究是通过合作学习进行的。合作学习是互助性学习，是为了完成共同的任务，有明确的责任分工的学习方式。特点有三个：第一，以问题为中心；第二，集体目标与个人责任，竞争与合作结合；第三，师生、生生间产生"合力效应"。

以互助促进学习，能够激发学习者的积极性，有效地提高学习效率。《诗经》有云："有匪君子，如切如磋，如琢如磨。"（切磋琢磨的本义是对玉石骨器进行精细加工）大意是说，切磋能使学问更精湛，琢磨能使品德更完美。真理越辩越明。分析、归纳、推理、判断的思维能力，皆能生成于此。切磋琢磨，并不只是指个人要苦练修行，而是强调朋友之间的探讨交流。《学记》中讲："独学而无友，则孤陋而寡闻。"从另一个角度说明与学友切磋交流之重要。从这个意义上说，学习是一种社会行为，是在交往中开花结果的。

合作学习把切磋交流制度化，以任务带动学习，以互助促进学习，能够激发学习者积极性，锻炼提高思维能力，而且有助于增强合作意识、竞争意识和创新意识。这里特别要多说一句，学会合作、学会共处，一生都不孤独，都不会孤陋而寡闻。

钱学森回忆当年在加州理工学院学习的情境时说，在这里，拔尖的人才很多，我得和他们竞赛，才能跑到前沿。这里的创新还不能是一般的，迈小步，那不行，你很快就会被别人超过。你所想的、做的要比别人高出一大截才行。你必须想别人没有想到的东西，说别人没有说过的话。

探究性学习激励我们主动的学习，更激励我们要有主见的学习，最高境界是学成己见，学有创见，学成探究者。

六、继承与创新

继承与创新的关系是个古老的话题。从原则上说，继承是创新的基础，创新是继承的目的，两者相辅相成。这似乎无可争议，但是，现实生活很复杂，处理好两者的关系还是挺难的。我国古代就有"法先王"与"法后王"之争，历代变法者与反对变法者也曾争斗得你死我活。近代以来，文化保守主义、文化虚无主义都曾经出现过，或者是把继承理解为墨守成规；或者是把创新理解为舍弃传统；还有一些人会从这一极端跳到另一极端。从学习的角度总结历史的经验，就聚焦在一个点上：必须学好辩证法。

毛泽东同志在延安文艺座谈会上说："我们必须继承一切优秀的文学艺术遗产，批判地吸收其中一切有益的东西，作为我们从此时此地的人民生活中的文学艺术原料创造作品时候的借鉴。有这个借鉴和没有这个借鉴是不同的，这里有文野之分，粗细之分，高低之分，快慢之分。所以我们决不可拒绝继承和借鉴古人和外国人，哪怕是封建阶级和资产阶级的东西。但是继承和借鉴决不可以变成替代自己的创造，这是决不能替代的。文学艺术中对于古人和外国人的毫无批判的硬搬和模仿，乃是最没有出息的最害人的文学教条主义和艺术教条主义。"

这里讲了两个"决不可"——"决不可拒绝继承和借鉴""决不可以变成替代自己的创造"，指导我们运用辩证的观点，处理好"继承"与"创造"的关系，建设民族的、科学的、大众的新文化。

习近平总书记在文艺工作座谈会上说："传承中华文化，绝不是简单复古，也不是盲目排外，而是古为今用、洋为中用、辩证取舍、推陈出新，摒弃消极因素，继承积极思想，'以古人之规矩，开自己之生面'，实现中华文化的创造性转化和创新性发展。"

这是马克思主义科学的文化观，我们要据此树立科学的学习观。

学习者不论学习什么专业，都要坚持继承与创新的辩证统一，善于继承，勇于创新，辩证取舍，推陈出新，开阔视野，增强自信，求得真知。决不做毫无批判的生搬硬套的没出息的模仿者。土教条主义、洋教条主义都是害人的。

2016 年，习近平总书记在哲学社会科学工作座谈会上说："一切刻舟求剑、照猫画虎、生搬硬套、依样画葫芦的做法都是无济于事的。"

"刻舟求剑"的典故出自《吕氏春秋·察今》。文中说，楚人过江，其剑自舟中坠于水，遂在舟中刻记。舟止，从其刻记处入水求之。"求剑若此，不亦惑乎?"这个"惑"字，意指糊涂、愚蠢。

《吕氏春秋·察今》中与此异曲同工的典故还有"循表夜涉"。说的是："荆人欲袭宋，使人先表澭水。澭水暴益，荆人弗知，循表而夜涉，溺死者千有余人，军惊而坏都舍。"大意是说，楚国人想要偷袭宋国，派人先在澭河边做标记，夜间澭河暴涨，楚人不知，依然沿着原来做标记的地方涉水，结果淹死千余人。士兵惊叫声如同房屋倒塌的响声。

这些故事揭示了思想僵化的危险性。学习、工作都应以此为戒。辩证法启示我们，一切都在发展变化之中；人要有所成就，就要解放思想，实事求是，与时偕行。"与时偕行"出自《易经》。这里的"时"指客体变化，"行"指对主体的要求。学习者要善观时势之变，才能够与时偕行俱进，推进事业发展，长盛不衰。反之，僵化盲从，逆势而动，必将陷入困境。

中国特色社会主义事业突飞猛进，正是把马克思主义中国化、时代化的结果，也是辩证的处理继承与创新关系的典范。中国特色社会主义事业的建设者和接班人理应对此有深刻的感悟。

"广大青年要有敢为人先的锐气，勇于解放思想、与时俱进，敢于上下求索、开拓进取，树立在继承前人的基础上超越前人的雄心壮志，'以青春之我……创建青春之国家，青春之民族'。要有逢山开路、遇河架桥的意志，为了创新创造而百折不挠、勇往直前。要有探索真知、求真务实的态度，在立足本职的创新创造中不断积累经验、取得成果。"这段热情洋溢的讲话，是习近平总书记在 2013 年五四青年节时说的。收入《习近平谈治国理政》第 1 卷时，标题为"在实现中国梦的生动实践中放飞青春梦想"。

处理好继承与创新的关系，不只是学习态度、学习方法的问题，还涉及人生理想。愿我们牢记习近平总书记的教诲："树立在继承前人的基础上超越前人的雄心壮志"，放飞梦想，努力奋斗，锻炼成长为能够担当民族复兴大任的时代新人。

七、学习与文化修养

先从"腹有诗书气自华"这句名言说起。

名言出自苏轼的《和董传留别》。苏轼的好友董传，生活贫困，但饱读诗书。两人分别时，苏轼赠诗称赞他，朴素的衣着掩盖不住乐观高雅的精神风貌。这首诗并未引起广大读者的关注，唯有这一句广泛流传开来。究其原因，可能是因为它深刻地揭示了文化修养的意义。学习当然是要增长知识、技能，但不能仅限于此，它的更深远的作用是升华人的精神境界，涵养人的气度品质。

人的精神的成长，需要文化的滋养，是所谓"以文化人"。学习者文化底蕴深厚，气质自然会光彩照人。气质好像是外在的，其实是内在的，是骨子里渗出的香气。胸无点墨之人，无论怎样"包装"，也难有令人敬慕的气质。

常有人问，学习唐诗宋词有什么用？这很难三言两语说清楚。但是可以肯定，不学唐诗宋词等优秀的文艺作品，人就难以提升精神境界，难以脱俗。

何谓"有用"？并非是能够卖钱的才叫有用，能够修养身心、陶冶情操、健全人格，岂不是有了大用！文化是人成长的土壤。与山河为友，与历史携手，与智者对话，可以开阔视野，陶冶情操，滋养品德。

文化育人不能立竿见影，但是能够长期起作用。学习要力戒短视。极端的功利主义会使人的学习领域窄化，从而使人的精神贫困，或者变得非常粗暴，或者变得非常脆弱。精神贫困的人，生活的目标模糊，动力不足，如无舵之舟，无衔之马，飘荡奔逸，难得幸福。

历代文人都曾倡导读"无用之书"；"读'无用'之书，做有用之人"。

王国维提出，审美是"无用之用"，"无用之用"胜过"有用之用"。他严厉批评"治一学，必质其有用与否；为一事，必问其有益与否。美之为物，为世人所不顾久矣！"他认为，孔夫子"兴于诗，立于礼，成于乐"的教人之道，就是"始于美育，终于美育"。做这样的概括，使人耳目一新。

举个实例。多年以前，我曾经给大学生留过一个作业："我的爱国思想的起点。"很多学生写的都是来自文学。有一位学生说，镇上的理发店里有一些小人书，他小时候就是在那里看了岳飞的故事，开始懂得识别忠奸，萌生了爱国意识。我对此印象深刻，因为他的经历与我相近。我读的震撼心灵的第一本书是《精忠说岳》，长大以后看到豪气冲天的"满江红"，一口气就把它背诵下来，现在依然记忆清楚。这或有助于回答读文史书籍有什么用的问题。换个角度来说，如今的"娘炮"现象令人担忧。究其原因，显然是与某些低俗的言情小说和流行歌曲的泛滥，审美观念的扭曲有密切关系。现在文盲已经没有了，可是美盲依然不少。"给孩子一双发现美的眼睛"，是育人成才的重要环节，切不可忽视。

我国有"以文化人"的优良传统。"文"是育人的核心内容，"化"是育人的路径和方法。管子说："渐也，顺也，靡也，久也，服也，习也，谓之化。"（《管子·七法》）大意是说，采用渐进说理、顺应个性、磨炼意志、薰陶品质、驯服脾性、养成习惯等办法，叫作教化。

育人乃是慢功夫，急不得。这样说并非是消极，而是明教化之理，求真实效果。我们探索育人之规律，一定要深入研究文化认同、情感认同与政治认同、价值认同的关系，研究教育的文化属性。有学者说："教育就是有意识的文化活动。"

八、空杯心态与学无止境

从前有一位佛学爱好者，读过许多经典，自认为颇有学问了。他听说某个名寺内有位高僧，便去拜访。寺里的年轻僧人出来接待他时，他的态度傲慢，不愿与年轻人谈话，非要会见老禅师。后来，老禅师出来了，十分恭敬地接待了他。在为他倒茶水时，茶杯已满，老禅师还在不停地倒。他不解地问道："大师，杯子已经满了，为什么还要往里倒？"老禅师认真地说："是啊，既然已经满了，干吗还要倒呢？"然后静坐在那里不再言语。

许久之后，此人才恍然大悟。原来禅师是在启发他，既然已经自满，前来求教又有何用呢！一个装满水的杯子，怎么还能再接纳新的东西呢！此人惭愧地向老禅师深施一礼，轻轻地退出了禅堂。

这个小故事富有哲理。求得学习进步，先要有"空杯心态"。不论读过多少书，考过多少证，当了多大的官，也要有勇气虚怀若谷不自满。现代知识更新的节奏加快，学习者要明察时势，登高望远，领悟"学无止境"的含义，才能与时俱进。

说到谦虚，又一个故事值得玩味。

苏东坡年轻时就已博学多才，经常被人夸奖，自己也有点飘飘然了。于是在书房门上贴了一副对联："识遍天下字，读尽人间书。"苏东坡的父亲苏洵看到以后，担心儿子骄傲自满，不知求进，于是提笔在对联上面各加了两个字，修改成为："发愤识遍天下字，立志读尽人间书。"苏东坡回来看见父亲的字迹，心中十分惭愧，从此虚心向学。

真有学问的人都是谦虚的。

2014年，诺贝尔奖获得者，著名物理学家丁肇中教授，为南航师生做一小时报告后，回答学生的提问：

"您觉得人类在太空能找到暗物质和反物质吗？"回答："不知道。"

"您觉得您从事的科学实验有什么经济价值吗？"回答："不知道。"

"您能不能谈谈物理学未来二十年的发展方向？"回答还是"不知道。"

大科学家这样答问，让学生感到意外。但经他简单解释以后，全场响起热烈的掌声。从此"三问三不知"被传为佳话，博得广泛的好评。

这让我们想起了孔夫子的名言："知之为知之，不知为不知，是知也。"（《论语·为政》）

习近平总书记说："学习的最大敌人是自我满足，要学有所成，就必须永不自满。"这为我们端正学习态度指明了方向。

"骄傲自满"反映的只是浅薄，谦逊诚实才能勤学好问，与时俱进。

苏格拉底有一句名言："认识自己的无知就是最大的智慧。"人们把苏格拉底式的智慧称之为"无知之智"。具有这种智慧需要修炼，需要开阔视野，需要善于反省，需要有探索未知、渴求进步的博大胸怀。

最后，用苏格拉底的另一句名言作为结语吧："谦逊是藏于土中甜美的根，所有崇高的美德由此发芽滋长。"

学友们，在心中种下"甜美的根"吧。

九、勤学与时间管理

很多人埋怨没时间学习。可是，埋怨有啥用呢？时间对所有的人都是公平的。可是有的人能够挤出时间学习，有的人却不能。时间都去哪儿啦？答案尽在时间管理之中。

什么是时间？确切的定义要查看物理学。文人笔下生花，对时间做出这样的描述："世界上最快而又最慢，最长而又最短，最平凡而又最珍贵，最易被忽视而又最令人后悔的就是时间。"（高尔基）启示我们要珍惜时间，合理地利用时间。

时间有哪些特性？

（1）瞬逝性。时不我待，转瞬即逝，不可逆转，不能重复。

（2）公平性。时间对所有的人一视同仁，公正无私。

（3）价值的弹性。时间的价值取决于如何使用。每个人使用时间的方法和用途不同，产生的价值也大不一样。使用得当，可以创造很高的价值；使用不当，也可能虚度年华。所以，时间资源是可以开发的。

现代社会的竞争激烈，生活已由慢节奏进入快节奏。树立积极的"时效观"，有效地管理和使用时间，努力提高单位时间的效率效益，已经成为现代人的重要特点，更是学习者必备的一种能力。

如果说"时间就是财富"，那么年轻人就都是大富翁了。可是"大富翁们"会有效地使用时间吗？是否任财富流失而不曾察觉呢？前不久，中国高校清退了一些研究生，他们荒废学业的原因之一，竟然是沉迷于打游戏……

渴望成才的学习者一定要养成惜阴之美德，学会管理时间。

（1）目标明确。学习的目的是成人成才。要落实就要把它目标化，分解为若干看得见、摸得着、可量化的小目标，才更有益于指导行动。例如，读几本书，参加什么社会活动，改变哪些不良的习惯，等等。否则，美好的愿望就难以落实，埋怨他人是没有用的。

（2）周密计划。要分出轻重缓急，果断地做出取舍。有人总结出"ABC工作法"：A——重要的事情集中力量做；B——次要的事情有余力时做；C——不必要的事情坚决不做。计划的内容会因人而异，学生要全面发展，就要对德智体美劳全面规划。做计划的目的是要头脑清醒地做事情，要想清楚为什么做，如何做，期望什么结果。行动计划周密才可能有效地管理时间，孕育出高效率。计划要严格执行，要学会管住自己，该抓住的一定要抓住，该放弃的一定要放弃，坚决排除干扰，减少无效投入，集中时间和精力做好该做的事情。

（3）减少浪费。曾经有人感慨地说，谨慎的人可能没有丢过钱包、没有丢过手机……大概没有不曾丢失过时间的人。怎么办？可以先从每天记录时间使用情况入手。如实记录，及时总结，就能发现自己在什么环节上浪费了时间，简单地说就是查遗补漏，以后做计划就会更有针对性。

（4）安排好业余时间。研究人才学的学者认为，人在上班或上课时间内所受的影响是大致相同的，人才成长中的差距主要是在业余时间里拉开的。业余时间是人自己支配的，特点是自由度大，选择性强。使用得当，可以为成长赋能；使用不当，闲待闲聊闲逛，甚至参加低俗的活动，则可能步入歧途。

安排好业余时间并不是要把业余时间工作化，休息是必要的，但要学会积极的休息，参加有益的文体活动，培养能够增进身心健康的兴趣爱好。

中国自古以来就有惜阴之美德。

曹丕说："古人贱尺璧而重寸阴，惧乎时之过已。"

陶渊明有一首脍炙人口的诗云："盛年不重来，一日难再晨，及时当勉励，岁月不待人。"

世间最可宝贵的就是"今"。这是李大钊讲的。他说："无限的'过去'，都以'现在'为归宿。无限的'未来'，都以'现在'为渊源。'过去''未来'的中间全仗有'现在'以成其连续，以成其永远，以成其无始无终的大实在。"（《"今"》）所以，不可厌"今"，耗误"现在"。古人说惜时如金，意即惜今如金。

现在小学语文课本收入了作家林清玄的散文《和时间赛跑》。文中说，虽然我知道人永远跑不过时间，但是可以比原来跑快一步，如果加把劲，有时可以快好几步。那几步虽然很小很小，用途却很大很大。

人要学会自律自强，请从珍惜时间，提高时效开始；不负韶华，请从不浪费时间开始。

十、学习与生活方式

把学习作为一种生活态度、生活方式，是习近平总书记的一贯主张。

2004年3月，习近平在《努力具备符合时代要求的知识结构》中提出："我们一定要强化活到老、学到老的思想，主动来一场'学习的革命'，切实把外在的要求转化为内在的自觉，让学习成为自己的一种兴趣、一种习惯、一种精神需要、一种生活方式。"2006年2月，他在《多读书，修政德》一文中说："要真正把读书当成一种生活态度、一种工作责任、一种精神追求、一种境界要求"。（以上均见《之江新语》）。

2009年11月，习近平在中央党校做报告时要求广大干部："要重学好学，真正把学习当成一种生活态度、一种工作责任、一种精神追求，坚持在学习中感悟人生、提升境界，在学习中开阔视野、丰富知识，在学习中把握规律、探求真理，使自己变得更加充实、更加睿智。"

2013年3月，习近平在《依靠学习走向未来》中讲道："要把学习作为一种追求、一种爱好、一种健康的生活方式，做到好学乐学。有了学习的浓厚兴趣，就可以变'要我学'为'我要学'，变'学一阵'为'学一生'。"

习近平总书记是这样讲的，也是这样做的。2014年2月，他在接受俄罗斯电视台专访时说，谈到爱好，我个人爱好阅读、看电影、旅游、散步。"读书已成了我的一种生活方式。读书可以让人保持思想活力，让人得到智慧启发，让人滋养浩然之气。"

把学习与生活方式连接起来，寓意深刻。

人都在生活，未必都会生活；人都期望生活美好，未必都会创造美好生活。人的生活态度、生活方式多种多样。生活态度积极者，有追求，思进取，必然肯于勤奋学习，把学习作为生活方式的重要内容，不断地吸取营养，修身益智，强化生活的深度、厚度，使生活更加美好。反之，生活态度消极者，或萎靡，或愤青，或游戏人生，学习上必然是少动力、缺毅力、提不起气来，从而导致精神贫困，生活愈加迷茫。人的生活方式折射的是人生态度、人的价值观念。

何谓"美好生活"？最简单的解释就是，物质生活与精神生活的充裕，个人生活与社会生活的和谐，最终是促进人的全面发展。这一切，都不可能是由别人给予的，而只能是自己在不断地学习与奋斗中逐步创造出来的。

生活需要有物质条件，但物质条件并不是生活的全部。人有了物质条件才能生存，人有精神追求才谈得上生活。人是精神性的存在。精神生活需要思想文化的涵养。学习使我们贯通古今，视野开阔；学习使我们头脑清醒，明辨是非；学习使我们增长才干，有所作为；学习使我们与时俱进，生活常青。

如何才能勤学乐学呢？重要的是要志存高远，非志无以成学；要培养高尚的生活情趣，兴趣是最好的老师；要养成习惯，教育就是要养成良好的习惯。

兴趣具有很强的引力，但也有易变性。要明确目的，制定目标，奋力坚持，可以使兴趣稳定下来，固化为习惯。习惯成自然，威力巨大。先前是我们养成习惯，后来则是习惯养成我们了。

哲人说，习惯是人的第二天性。

习近平总书记在讲这个问题时，引用过一句古语："少成若天性，习惯之为常。"典故出自《大戴礼记》，大意是说年少时养成的习惯，就如同人天生的秉性一样，成为常态，难以改变。这启示我们，养成良好的习惯，学习就可以由被动变为主动、自动，由"要我学"变为"我要学"了。

"为学之要贵在勤奋、贵在钻研、贵在有恒。"恒心，指持之以恒的毅力，持久不变的意志。讲恒心，对应的就是心浮气躁，朝三暮四，学一门丢一门，干一行弃一行，无论为学还是创业，都是最忌讳的。拒绝诱惑，革除陋习，是人成熟的重要标志。

2013年5月，习近平总书记在同各界优秀青年代表座谈时对青年寄予了厚望。他说："青年人正处于学习的黄金时期，应该把学习作为首要任务，作为一种责任、一种精神追求、一种生活方式，树立梦想从学习开始、事业靠本领成就的观念，让勤奋学习成为青春远航的动力，让增长本领成为青春搏击的能量。"

青年都爱思考人生，那就请安心学习，排除干扰，建构起健康的生活方式。因为只有学习精彩，生活才会精彩；只有高质量的学习，才能支撑高质量的生活。

教改与学改并进

一、何谓教学

学界对教学的解释多种多样。

有人说：教学是"教师把知识、技能传授给学生的过程"。

有人说：教学是"教师有目的、有计划、有组织地向学生传授知识、训练技能、培养能力、陶冶品德的过程。"

有人说：教学是"教师向学生施加有意识、有目的的'教'与'学'的双边活动。"

还有人说：教学是"以课程内容为中介的师生双方教和学的共同活动"。

简要说来，一种观点强调的是"教"的单边活动，另一种观点强调的是"教"与"学"的双边活动，至于双边如何活动，仍待补充。

定义是枯燥的。回到现实生活中可以看到，许多学校的教学依然是以"教"的单边活动为主，以注入式为主。"两张讲稿一张嘴，由我从头说到尾。"这句话不知是谁创作的，但确是名言警句，把陈旧的教学方式概括得活灵活现。过去是照本宣科，现在是照"电脑"宣科，多年来课堂情景基本未变。

前几年有人调查中国高校教学情况，大学生认为教师上课时采取讲解式、搞"一言堂"的高达 89.6%；认为教师以自己为中心、教学方式单一的达 81.6%；认为教师在课堂上很少或没有与学生交流的达 83%……（《光明日报》，2017 年 3 月 14 日）

参加中国 985 评审的外国专家曾说过：非常不理解为什么在中国一流大学的课堂上，学生与教师的交流互动如此缺乏，基本上是教师讲学生听，此种现象如何培养学生的创新和批判能力？（《光明日报》，2018 年 6 月 19 日）

满堂灌的顽疾久治不愈的原因何在呢？可能是因为，有些教师误认为讲得越多越细越好，误认为教师多讲，学生就能多得；教师少讲，学生就少得；教师不讲，学生就不得。好像要把按劳分配当中的话语，搬到教学论中来。

重教轻学、以教代学的倾向渐成传统。有教法而少学法；有教材而少学材；教的时间占满课堂，而学的时间只能留到课后；教师主动，学生被动，大家都很辛苦，但效果却不理想。教学达不到预期效果，对于师生都是一种隐隐的伤痛。

满堂灌的危害，换位思考便可知晓。叶圣陶说："一边是念一句讲一句，一边是看一句听一句；这种情景，如果仔细想一想的话，多么滑稽又多么残酷啊！"

为何说是"残酷"呢？叶圣陶解释说："教学生一味听讲，实际上无异于要他们游心外骛或者什么都不想，无异于摧残他们的心思活动的机能，岂不是残酷？"（《如果我当老师》）

怎么办呢？我们有必要请教陶行知。

1919年2月，陶行知先生发表《教学合一》一文，批评我国学校"论起名字来，居然是学校，讲起实在来，却又像教校。这都是因为重教太过，所以不知不觉的就将它和学分离了"。他明确提出：先生的责任在"教学生学"。

我在学海中寻觅多年，觉得陶行知的教学观最为精确。《教学合一》发表至今已逾百年，今日重读此文，依然备感亲切。

"教学生学"是什么意思呢？陶行知主张"把教和学联络起来"：而且"教的法子必须根据于学的法子"。目的是指导学生"探知识的本源，求知识的归宿"，他认为，"这就是孟子所说的自得，现今教育家所主张的自动。"用现代的话来说，就是教学生自主学习、学会学习。

与此对立的是注入式、填鸭式教学。美国教育家杜威在《现代教育趋势》中说：美国有一种农家，为了多卖钱，便把一种管子插进鸡鸭的喉咙里，把食物硬灌下去，使它们更胖更重。他认为传统的教学方法就是"教师硬装食物到鸡鸭肚子里"的方法。这使学生只会机械的记忆，没有理解，更没有创造。不知道"填鸭"是中国发明的，还是美国发明的。我们关注的是，杜威先生对"填鸭式"教育的批评真的是切中时弊。

后来，陶行知在武汉大学演讲时，就曾带去一只公鸡、一把米。在讲台上强按鸡头让鸡吃米，鸡奋力反抗，就不肯吃。后来把鸡和米放到教室的一边，不一会，鸡就自己吃米了……这时陶先生开始演讲："我认为，教育就像喂鸡一样。先生强迫学生去学习，把知识硬灌给他，他是不情愿学的。即使学也是食而不化，过不了多久，他还是会把知识还给先生的。但是如果让他自由地学习，充分发挥他的主观能动性，那效果一定好得多！"话音刚落，台下掌声雷动。

陶行知的教学观在实践中不断地发展。1925年，他去天津南开大学讲学。南开大学张伯苓校长向他建议，把"教学合一"改为"学做合一"。陶行知深受启发，1927年在南京创办试验师范学校，发表了题为《教学做合一》的演讲，要求在做上教，在做上学，一切从实际生活出发；并将"教学做合一"作为校训。蔡元培先生担任该校的董事长，并为学校题写了这个校训。看来，近代几位大教育家的思路是一致的。

陶行知认为，"新教育和老教育不同之点，是老教育坐而听，不能起而行，新教育却是有行的。"（《新中国的新教育》）教而不做，不能算是教；学而不做，不能算是学。教与学都要以"做"为中心。

教学就是教学生学，教学生做。这种新的教学观既简明又深刻，是我国教育史上的重大创新。

当今世界，科技革命的兴起，知识经济的萌生，使新知识新技术呈现出"爆炸式"的增长。终身学习的理念掀起了新的教育革命。有学者概括当代教育发展的重要特点，就是从重点研究"教"转向重点研究"学"。

1997年《国际教育标准分类》中，把原来的"教育是有组织地和持续不断地传授知识的工作"，修改为"教育被认为是导致学习的、有组织的及持续的交流活动"。请注意这里的两个关键词：导致学习和交流活动。

2015年，教科文组织在《反思教育：向"全球共同利益"的理念转变》的报告中提出："教育可以理解为有计划、有意识、有目的和有组织的学习。"

要按照新的教育理念，重新审视基础教育中"基础"的含义。它不仅是指掌握读、写、算等基础知识和技能，更是指为终身学习打下基础，养成终身学习的态度、能力和习惯，为"成长为成功的终身学习者"奠定基础。

"成长为成功的终身学习者"是新西兰教育家克里斯蒂在《友善用脑——加快学习的新方法》一书中提出的。该书还写道："为了一生的成功而做准备的人要在学校学习的这几年里学会如何学习。做不到这一点的人将无法应付瞬息万变的未来社会，更谈不上从中获益。"这个观点放眼未来，寓意深远，揭示了教育教学改革的核心所在。

二、学习方式的变革

教改既要改"教"，更要改"学"，重中之重是改变学习方式。

中国在新课改中提出：提倡"自主、探究与合作"的学习方式，逐步改变以教师为中心、课堂为中心和书本为中心的局面，促进学生创新意识与实践能力的发展。《教师教育振兴行动计划（2018—2022年)》提出，教学方法研究的方向在于"充分利用云计算、大数据、虚拟现实、人工智能等新技术……推动以自主、合作、探究为主要特征的教学方法变革"。

自主、合作、探究，三个主题词是融为一体的，焦点在于探究。自主、合作干什么？目的是更好地进行探究，在探究的过程中更有效地进行学习。

"探究"的大意是深入探索，反复研究。"探究性学习"的大意是教师指导学生在探索研究问题的过程中进行学习。包括学会发现问题，提出设想，探索途径，试验论证，表述答辩。

探究性学习对应的是灌输性、接受性学习。学习方式的变革意在从以聆听讲解为主转变为以探究问题为主；从教师主动学生被动，改变为教为主导，学为主体。

灌输式的教学重在教师"输入"了什么，而不大关注学生能够"输出"什么，即能够应用多少知识来分析、解决问题。这就有意或者无意地陷入了以教代学的误区。为什么说这是"误区"？因为，教学的效果最终要看学生能够应用的知识有多少。一个人如果认真听课，输入了很多知识，但是应用时提取不出来，那何以证明那些知识是属于你的？何以证明你真的学会了？

探究性学习是以"输出"为导向的。关注"输出"才能看到真实的学习效果（包括知识、能力、情感态度等方面的变化）。这如同企业的效益最终要看市场的销售量一样。世上何曾有过只顾投入而不问产出的企业家！

探究性学习的灵魂是发挥学习者的主体性，核心是激活思维，检验效果的重点在于"表述答辩"。善表述表明思维清晰，能答辩表明思维敏捷。

在现实生活中，口头表达比书面表达有着更广泛的交际作用。如今学界高度重视发表论文，教师的教学效果多么好，也抵不上发表一篇论文，这未必有利于人才成长。发言只会念稿子的人，是否具有真才实学就很难说了。

变革学习方式意在锻炼、提升学生的学习能力。所谓"学习能力"，或可概括为三个方面：获取知识的能力，运用知识的能力，创新知识的能力。这是评判学习方式优劣的主要标准。

"能力"有个特点，就是难以直接传授，只能在实践中磨炼体验生成。俗话说："讲一千遍不如自己干一遍。"

陶行知先生一语点中要害，教与学都要以"做"为中心。

"体验"可以作为教学的基本原则吗？我请教过几位专家，他们回答说，这个意见可以考虑。也就是说，目前尚未被公认。通常讲的八大教学原则是：科学性与教育性相结合、理论联系实际、直观性、启发性、循序渐进、巩固性、因材施教、量力性。

变革学习方式有益于塑造人的良好性格。所谓"性格"，简单地解释就是性情品格，是人对现实的态度和行为方式中较稳定的个性心理特征，是个性的核心部分。如，积极、消极、开朗、刚强、懦弱、粗暴等。

性格是在社会生活中逐渐形成的，重在青少年时期。培根在《论学习》中说："学习造就性格"（以前有人译为"凡有所学，皆成性格"）。有怎样的学习方式，就会养成怎样的行为习惯和性格。

倡导探究性学习的意义，既是提高学习的效率和能力；更是培育乐于探究、积极有为的性格。引导学生做学习的主人，将来才能做生活的主人，勇于担当重任。这是对学生的一生负责，是对学生最深沉的爱。

学生习惯于接受灌输，就会养成"对他人思想的依赖性"（杜威），或者说是被动心理，渐渐失去青少年本应具有的好奇心、进取意识和创新的激情。如果因接受灌输的效果不佳而被暴力相向，则可能形成抑郁性格，或者产生仇恨心理，长久难忘。退一步说，知识有些不足以后可以补上，性格一旦变形就很难改变了。

要从人才成长的高度看学习方式的功过得失。人才都是"练"出来的，不是"灌"出来的。叶圣陶说："教育就是习惯的养成。积千累万，不如养个好习惯。"

变革学习方式的过程中，涌现了许多新鲜经验，也遇到了一些难题。例如，学生的参与面不广，有些人积极，有些人只是旁观者；课堂交流深入不下去，不少学生习惯于被动地等待听结论；少数学生剪贴抄袭资料，敷衍了事。

看来，老师要解放思想，学生也要更新观念，共同突破陈旧的思维定式；再者，要设计学生感兴趣的研究课题和研究方式，吸引学生广泛参与，变"要我做"为"我要做"；最后，要改进评估方法，重在学习过程当中的表现，使探究者受到鼓励。

三、"少教多学"唤醒学生的潜能

近几年，各国教改的经验多种多样，其中较为突出的是"少教多学"。我国媒体报道过两个实例。

自 2000 年开始，经济合作组织（OECD）每三年举办一次 15 岁学生能力评估测验——"国际学生评量计划"（PISA），芬兰青少年连续两届在阅读与科学两项评比中称霸，解决问题和数学能力则位居第二。取得优异成绩的秘密何在？北京去芬兰考察的老师归来著文：《揭秘芬兰教育悖论：教得愈少，学得愈多》。文中说，"少教多学"是一种教育理念，一种教学思想；少教，不仅是数量的减少，而是教得更好、更精、更有效；多学，不是数量增加，而是学得更主动、更科学、更有用。

"少教"包括启发式地"教"，讨论式地"教"，研究式地"教"，体验式地"教"和创造式的"教"。芬兰特别重视培养学生的创造能力，从小学一年级起直至大学都保留动手实践课程就可见一斑。

"多学"并不是多读书、多背诵，而是将学生引向积极学习、主动学习、深度学习、合作学习。在芬兰，小组合作学习有很多种形式，如"咖啡馆式"

学习，"滚雪球式"学习，"家庭组式"学习，等等。（《现代教育报》，2019年9月25日）

另一个异曲同工的实例是新加坡。2015年，在72个国家和地区的54万名学生参加的测试中，新加坡学生在数学、阅读、科学三个领域都名列第一。奥秘也在"少教多学"。新加坡的"教师愿景宣言"，强调的是引领、关怀、启发；教育策略重在因材施教、百花齐放、少教多学。新加坡教育部认为，他们的教育制度致力于帮助学生施展自己的才华、发挥各自的潜能，培养终身学习的热忱。以学生为中心的教育思想，打造个性化的学习路线，着力于潜能和思考力、进取心、自信心的教学取向，真正提高了教学的效益，而灵活的教学方式使得学生的主动性最大限度地被激活。2017年8月9日，《光明日报》对此进行报道，题为《"少教多学"唤醒学生的潜能》。

专家在分析这些经验时，曾一再提到夸美纽斯的名言："要找出一种教育方法，使教师因此可以少教，但是学生多学；使学校因此可以少些喧嚣、厌恶和无益的劳苦，独具闲暇、快乐及坚实的进步。"夸美纽斯是《大教学论》的作者，被称为近代的"教学理论的始祖"。该书是1632年出版的。

从认知的角度来说，心理学的实验表明，人能够记住你听到的15%左右，你看到的25%左右，你做过的70%以上。美国少年科技馆的入口处有一幅内容相似的标语："人能记住：你听到的一点；你看到的一些；你做过的大部分。"这里没有数据，却也简单明了。总之，"静听"的效果最差，参与实践的效果最佳。这启示我们，人的接受程度是与参与程度成正比的。参与程度越高，才可能理解越深，记忆越牢。

脑科学的研究成果证实了这个观点。"友善用脑"教学理论倡导多感官教学，认为把信息变成动作、形象、活动，运用身体的所有部分，最大限度地激活大脑，可以大幅度地增强学习的效果。

经验一再证明，教师讲得少、讲得精、讲得巧，指导和鼓励学生多学、多做、多体验，可以提高教学的实效，并促进学习者自主成长。北京一所友善用脑实验学校的学生说："现在老师讲得少了，我们反而学得多了。"谢谢这位学生一语点中要害。这个多与少的辩证关系，内涵丰富，值得反复琢磨。

教是必要的。但要牢记叶圣陶老师的名言："教是为了不教"，要多方设法，逐渐引导学生自求得之，卒底于不待教授之谓也。"自求得之"是教学的最终目标。引导学生自主成长，疑难能自决，是非能自辨，斗争能自奋，高精能自探，就意味着学生真的长大了。

从"少教"到"不教"，蕴含着教学的智慧，表述的是育人的境界。更新教学观念，变革教学方式，把重点转移到"学"上来，才能感悟到教育教学的真谛。

四、友善用脑与教学方式的变革

研究学习可以从生理、心理、历史经验等角度入手。在当代，脑科学被誉为"皇冠上的明珠"，它的发展使人眼界洞开。在 20 世纪后期有学者预言，21 世纪将是"脑的世纪"，要携手攻关，了解脑、保护脑、开发脑、模拟脑。脑科学的研究带动了多个学科的发展。"脑科学与教育"更是影响广泛的课题。新西兰教育家吸收了脑科学的研究成果，并把它与先进的教育理念结合起来，创立了"友善用脑"的教育理论，《友善用脑》的副标题是："加速学习的新方法"。新在何处呢？下面说说我的学习体会。

（一）善待大脑

"大脑天生就具有了不起的学习能力。"我们在探讨如何用脑之时，一定先要了解大脑，善待大脑，保持大脑健康。

人脑可神奇了，拥有千亿以上的神经细胞，数千条神经网络，指挥着人的一切活动。它的重量只占人体重的 2.5%，占比很小，可是工作能力很强，所以消耗很大——血流量占心脏出血量的 20%；需氧量占全身的 20%～25%；葡萄糖消耗量占到全身的 65%。

友善用脑教育理论明确提出："我们是自然的一部分，活动要反映自然的规律"，这是高效学习的前提。尊重自然规律，对于社会发展、人的发展都是必需的。党的十八大报告中提出，必须树立尊重自然、顺应自然、保护自然的生态文明理念。专家解读时说，首要的是对自然持"非暴力的态度"。这也是指导教育教学的至理名言。

在教育界，对自然持暴力态度的表现有哪些？请大家课后回答吧。我这里想到了一件事，有一所学校在毕业班教室挂着一幅标语："生前何必贪睡，死后自会长眠。"这是何等残酷啊！现在还要提倡"头悬梁，锥刺股"吗！我们不要苛责古人，但是要明确这是不科学的。

困了怎么办？睡觉就好了。人生大约有 1/3 的时间是在睡眠中度过的。睡眠也是生长激素分泌的重要时期，可以恢复体力，补充脑力，调节情绪，增强免疫力。对学习更为重要，人在清醒时大脑进行了大量思考，会产生很多代谢垃圾，这些只有在睡眠时才能被清除，恢复脑的活力。另外，白天学习时接收的信息都是不稳定的记忆痕迹，在睡眠中大脑能够对此进行重新编码处理，形成稳定记忆。还有医生说，睡眠有利于美容。所以一定要让学生好好休息。这是自然规律。

人脑经常与外界和人的身心进行对话交流。可以说，人脑是有灵气、有情义、有个性，也是有脾气的。善待它，就可能事半功倍；虐待它，就会遭到反抗！

友善的用脑首先要创设有利于大脑工作的环境，重要的是"学会放松"。如，创造好的课堂环境，听节奏舒缓的音乐，调整呼吸和姿势，冥想，喝清水，做"脑保健操"，等等。这就是说，要从改善学习的物理环境和心理环境、身心条件、活动方式等方面入手，在维护和增进大脑健康的前提下，自然地提升学习的功效。

关于"脑保健操"，承蒙中医协助，已经设计了多种方案，简便易行。这是友善用脑本土化的重要成果，人人皆可受益。

"精神压力是大多数人学习困难的根源。"这是因为，人在受到威胁时，身体会释放化学物质（如肾上腺素），促进肢体的氧气供应。在这种逃避/搏斗的状态中，人的行为受本能的支配，而不是在逻辑或思维的控制下。如果在压力应急反应后没有进行体力活动，大脑中还会产生其他的化学物质（比如皮质固醇），使身体出于本能反应的预备状态下，就会降低逻辑和创造性思维的能力，甚至对神经系统造成损害。

总之，粗暴地对待大脑，只能迫使大脑"罢工"，拒绝处理信息，甚至受到损伤。友善用脑教育理论用神经生理学的研究成果，对此进行分析后得出结论："压力是学习的障碍！"这是规律性的判断，不得违背。

实验学校提出，消除恐惧，打造无恐惧教室。真是功德无量。

尊重自然规律不是消极的，而是积极的。按规律办事可以大幅度地提高工作效率，并促进人的健康发展。1999 年脑科学研究成果证明，大脑是可以改变的——神经通道具有可塑性。即通过适当的刺激和活动，大脑能极大地改变和重构自己，变得更加高效，使神经通道从小溪变成河流。也就是说，友善的用脑，正确地用脑，能够提高学习的效率，而且能够使学习者更健康、更聪明。

（二）变革教学方式

去新西兰进修的老师归来，讲了一个真实的案例。

一天早晨，克里斯蒂准备了一大包教具，上课后让我们把桌子拼到一起，她就像变戏法一样，从大包里拿出了一套厨具和一些食物，然后对大家说："今天我教大家做新西兰饭。"一句话抓住了我们的注意力。进教室时我明明看到黑板上写着今天的教学内容是教学方法，怎么变成了"做新西兰饭"？带着强烈的好奇，我集中精力注视着老师的一举一动。克里斯蒂从两张写着字的纸上拿起了两片面包，高高举起，再合在一块，然后说："这就是学校工作的全部。"这时我们急忙去看放面包纸上的字，一张纸是"课程"，另一张纸是"评价"。

"做新西兰饭还需要黄油、青菜和蛋白质,给人体补充营养",她边说边把黄油抹在面包上,把青菜和一个摊好的鸡蛋码好,随后拿着调料瓶对我们说:"没有味道不好吃,要加些调料,爱吃甜的可以放糖,爱吃酸的可以放柠檬,爱吃咸的可以放盐……"一个完整的三明治做好了,她把三明治放在白纸上,问大家:"这是什么?"片刻沉寂之后,一位老师大声回答说:"教学方法"。在大家的一片掌声中,克里斯蒂宣布:下课。而我们这些学员却热烈地讨论起来。

面包可以果腹,但是没有味道,孩子不爱吃,加上蔬菜、鸡蛋和调料,不但营养充分,还勾起了孩子的食欲,这就是教法的作用呀!书本上的条条框框变成了现实生活中的案例,我们不但悟出了其中的道理,而且终生难忘!这种"创设情境,诱发思考,引导结论"的教学方式,不就是我们课堂上最需要的吗!

友善用脑教育理论启示我们,变革教学方式,教师要从"演说家"的误区中走出来,在"创设""诱发""引导"上面下功夫,尊重学习者的主体性,激发学习者的积极性。教学方式是多种多样的,没有固定的模式。重要的是探讨其中蕴含着怎样的智慧。

1. 多感官教学

以友善用脑教育理论指导教学方式的变革,要变"静听"教育为多感官教学。

夸美纽斯在《大教学论》中说:"一切知识都是从感官的知觉开始的。""在可能的范围内,一切事物都应尽量地放在感官的跟前,一切看得见的东西应尽量地放在视官的跟前,一切听得见的东西应尽量地放在听官的跟前……假如有一个东西能够同时在几个感官上面留下印象,它便应当用几个感官去接触。"

人有多种感官,所以接受和处理信息的能力很强。如果教学只是单纯的讲授,学生使用最多的就只是听觉了。这就是杜威先生批评的"静听教育"。它是低效的,而且会养成对他人思想的依赖性。怎么办?杜威主张"做中学",认为"一切学习都来自经验""所有的学习都是行动的副产品,所以教师要通过'做',促使学生思考,从而学得知识"。

陶行知主张"把孩子从鸟笼里解放出来",他多次讲到,要进行六大解放:

"解放头脑,使他能想;解放双手,使他能干;解放眼睛,使他能看;解放嘴,使他能谈;解放空间,使他能到大自然大社会去取得更丰富的学问;

解放时间，要有空闲时间消化所学，学一点自己渴望要学的学问，干一点自己高兴干的事情。"(《小学教师与民主运动》)。这是"做中学"的发展，也含有多感官教学的意思。

后来的建构主义心理学认为，知识的建构来源于活动，活动是人与情境产生互动作用的中介。

《友善用脑》发展了活动课程论，倡导多感官教学。要求把信息变成动作、形象、活动，动用身体的所有部分，最大限度地激活大脑。《友善用脑》中写道："调动越多的感官，就可以利用越多的大脑通路，从而建立起更多的神经连接。这就意味着更多的记忆被轻松地存贮下来了。"很多实验学校据此改革教学方式，使教学"活动化"(如动口交流、动手制作、动情表演、联动创新……)，课堂变样了，学生全身心地参与，学习的效果明显地提升了。实践证明：深刻的感官体验造成深刻的记忆。

活动课程的形式是团队学习。要按照"同质异构"的原则分组，把水平相近、认知倾向不同的学生组合在一起，使个人的优势充分发挥，团队成员分工合作，共同完成学习任务。团队学习是友善用脑课堂教学的基本形式。自主探究与合作交流是相辅相成的。学友之间的交流切磋可以激活思维，深化认知，并增强合作的意识和能力——这是现代人必备的素养。《学记》中说："独学而无友，则孤陋而寡闻"，讲的也是这个道理。对学生主体性的理解不宜片面，团队学习也是主体性的体现。

近几年，有的教师在教改中重提"教学形象化"，教学课件声情并茂，取得了一些成绩。但学生依然是听众、观众。有的教师则是布置任务，指导学生制作小课件，效果就大不一样了。"情景化"重在启发诱导学生自主探索。

2. 思维导图

思维导图是非常有趣的学习方法。以往常用的学习方法是把知识写下来，现在能否换个思路，把知识画出来呢？

友善用脑教育理论重视培育思维能力，认为"今天把知识教给学生，明天他们可以通过考试；教给他们怎样思考和学习，他们就能获得一生的成功"。

在人的思维方式中，形象思维与抽象思维都很重要。可是比较而言，形象思维有三大特点：历史更久、能力更强、效果更佳。人类在有文字之前，已经有了岩画。孩子很小的时候就能认识父母，已经具有形象识别的能力；长大以后最喜欢看的是图画、图文并茂的小人书。这是人所共有的经验。再后来，不知从何时开始，孩子被拉进死记硬背的歧途，形象思维受到不同程度的抑制，厌学和怵学的情况相继发生。

背诵也能有一定效果。可是分析发现，易于背诵的多是托物言志、借景抒情之作，如"床前明月光""牧童遥指杏花村""小桥流水人家"等，说来说去，这里隐藏着的还是形象思维的影响力。

把思维导图作为一种辅助学习的方式，引导学生自己"把想法画出来"！按照自己的理解，把信息变成彩色的、易记的、有高度组织性的图，能够较好地发挥学生的主体性，提升学习的能力和效率。实验表明，形象记忆在记忆速度、记忆容量上都远超符号记忆，而记忆的难度则明显降低。

友善用脑思维导图的特点：

概括性。画图的过程就是对知识进行提炼概括的过程，学会抓住关键词和核心概念。思维心理学认为，概括性是思维品质的基础。

有序性。思维导图也可以说是路线图或检索系统，制图先要把知识结构搞清楚，进行有序排列，而大脑本身就是放射性立体结构，"喜欢"建立链接。思维导图是大脑放射性思维的外部表现。

形象性。要选择最能表达内容的形象和色彩，使知识更富有情趣与活力，从而加深记忆。

更简单地说就是抓重点，找联系，塑形象。

思维导图并不是简单地画一幅画，而是深刻地理解知识并进行再加工的过程。在这个过程中，形象思维使抽象思维具有了活力。不论画成什么样子，只要表达清楚，自己明白、喜欢就好。用这种方式辅助学习，确实充满了智慧和乐趣，深受学生欢迎是必然的。于是就有了"千言万语不及一张图"的反应。

思维导图概括的是学生自己的想法，因此不能够妄加评论。

思维导图能够协助人们在科学与艺术、逻辑与想象之间平衡发展，开启大脑的潜能，并有助于培育创新思维能力。

有人发现当年达·芬奇上学时的笔记本，上面就有多幅自创的图画，可见他的形象思维能力很强，不知他可否被认为是思维导图的先驱。

3. 调查学情

教改的基础工作是学情调查。学情调查的内容和方法是多种多样的。友善用脑实验学校的调查表是这样的：

（1）认知倾向：听觉型、视觉型、动觉型、均衡型；

（2）思维类型：分析型、总体把握型、均衡型；

（3）学习快乐度：对学习环境、学习过程、学习结果感到满足的程度。

这是一项基本建设，需要持续进行，用数据说话，是谓"以数论理"。

教师的主导作用必不可少。发挥主导作用的前提是了解学情，把主体的特点和需要了解得清清楚楚，才能为发挥主体的积极性创造条件，并有针对性地做好个别辅导工作，是所谓"因学施教"，即从学情出发，设计教学，指导学习。

教师备课不能只是分析教材，而不分析学情。以一份教案应对千差万别的学生是难有实效的。

古人云："指引者，师之功也。"智慧的教师不再只是讲演者，而是学习活动的设计者、指导者。因此，教学设计已经成为教师专业化的重要内容。

（三）弘扬友善文化

友善用脑不是一套技术，而是一种文化。学习掌握友善用脑的理论和方法，重要的是更新思想观念，弘扬友善文化。

"友善"是社会主义核心价值观的重要内容。什么是"友善"？甲骨文中的"友"，象征朋友之间的援手，本意为帮助。大篆、小篆中的"善"字，上面的"羊"字代表吉祥；下面的"言"字表示讲话。本意为吉祥的话语。综合起来，"友善"的寓意就是互相帮助、互相祝福。

我们都希望有和睦的家庭、和谐的人际关系和师生关系，那么就从友善待人开始吧。怎样才能做到友善呢？

1. 友善的前提是平等

平等，说起来容易，做起来难。难在何处呢？

首先，平等与等级的关系。平等是反对封建专制的产物。封建社会就是等级社会，按权力大小区分人的尊卑贵贱，有权的就是老爷，无权的就是草民。哪有平等可言！社会主义国家为实现人们期盼多年的平等，提供了制度保障。人们的职务有分工，但都是人民的勤务员，干部是人民公仆，在这个基础上才可能有真正的友善。当然官本位和等级观念的遗毒依然存在，新社会存在旧社会的遗留物，是历史上常有的现象，不足为怪。但是它确实是实现平等待人、友善待人的障碍。

其次，平等与自由的关系。"自由容易平等难"的现象值得研究。如果说自由就是摆脱控制约束，人们接受起来是不会有障碍的；而平等意味着尊重他人的权利和自由，要能做到，就需要有相当的修养了。所以，不要把自由与平等割裂开来，每个人都要把握住个人自由的边界，特别要警惕"自我中心论"。

我、你、他是相依而存在的。"我"不可能在真空中存在，有你有他才有所谓的"我"。即使社会上只有我、你、他三个人存在，遇事也要相互协商解决，谁也不能唯我独尊而不顾他人，否则必然引发冲突。如果抽象地讲"自我"，而忽略或者忘记"我"是社会的一员，是与他人一样的平等的一员，就可能误入歧途了。

总之，在社会生活中定位准确，才可能做到友善。如何待人的问题，实质是自己如何做人的问题。

2. 友善的核心是尊重

友善用脑教育理论提出的人人都是天生的学习者；学生是学习主体，发展"学生所有制"；培养成功的终身学习者，等等，处处体现着对学习者的信任和尊重。

尊重包括尊重人的权利、尊重人的人格、尊重人与人的差异等。

讨论尊重权利和人格问题，先要向各位老师请教：未成年人有什么权利呢？

以前问过许多老师，能够回答出来的不多。中国《未成年人保护法》是1990年制定的，1997年修订时，首次提出未成年人的权利：生存权、发展权、受保护权和参与权。与联合国《儿童权利公约》的思想取得一致。

这意味着什么呢？意味着教师有保护孩子合法权益的责任；同时也意味着对孩子要友善尊重，不可以伤害，更不可以进行体罚。体罚和变相体罚屡禁不止的重要原因，是相当多的人缺乏人人平等、相互尊重的意识，也缺少法律意识。

何谓"师道尊严"？我赞成这样的解释：师严而后道尊。意思是说，教师严格要求自己，才能被人尊敬、被人崇信。这里讲的是严格自律，而不是严厉地对待学生。扩展开来说，所谓"权威"，就是令人信服的人和事，它从来都不是自封的，更不是靠暴力支撑的。暴力可能使人服从，但难以使人信服。暴力教育的结果，或是培养了奴才，或是培养了暴徒。"不打不成才"是违背教育规律的。

关于尊重，还有一个难题：尊重差异。有人总结，我国教育对于差异的态度经历了三个阶段，早年的态度是"消灭"；后来改为"承认"；近几年终于改为"利用"了。

尊重差异先要承认差异并不是异常现象，更不一定是坏事。孟子说过："物之不齐，物之情也。"（《孟子·滕文公上》）后人注释说："此乃自然之理。"

改革开放以后，邓小平在全国教育工作会议上的讲话中明确指出："我们在鼓励帮助每个人勤奋努力的同时，仍然不能不承认各个人在成长过程中所表现出来的才能和品德的差异，并且按照这种差异给予区别对待，尽可能使每个人按不同的条件向社会主义和共产主义的总目标前进。"

"区别对待"的意思就是"因材施教"。何谓"因材施教"？陶行知有个绝妙的比喻。他说："培养教育人和种花木一样，首先要认识花木的特点，区别不同情况给以施肥、浇水和培养教育，这叫'因材施教'。"陶行知先生认为，人像树木一样，要使他们尽量长上去，不能勉强都长得一样高，"应当是：立脚点上求平等，于出头处谋自由。"（《平等与自由》）

友善用脑教育理论认为，人有不同的思维类型（学习风格），调查清楚，才能因材施教，各展所长。而且强调"差生"不差，只是教室环境或教学方法不适合他们的学习风格。"如果学生无法适应我的教学方法，那就让我教会他们以他们自己的方式学习。"

把友善文化落到教学中，教师要转换角色定位，做学习的组织者、引导者与合作者。教师备课的重点要从如何讲转向如何学；提升执教能力要从重讲授能力转向重设计能力；教学管理要从施加压力转向增强吸引力。学生由被动接受者变成了主动探索者，在探索的过程中获得成就感，学习的快乐度会油然而生，校园变乐园的情景就在眼前了！

有的老师说，对学生进行批评惩戒也是必要的啊！是的。但要明确的是，批评惩戒的目的是与人为善，所以一定要有善心，要遵守规则，并选择对方可能接受的方式方法，增强对方改过自新的信心，无伤害而能改过才是最佳效果。请记住："有理不在声高。"

友善能够助人成长、助人成功。古人云："夫爱人者，人必从而爱之；利人者，人必从而利之。恶人者，人必从而恶之；害人者，人必从而害之。"（《墨子·兼爱》）现代人认为，人际关系在成功要素中占很大比重。有人说，占50%；有人说，占70%。总之是占一大半。为什么呢？因为，单打独斗时代已经过去。大生产、大科技最重开放协作，学会共处、学会协作、学会共享已经成为现代人必备的品质。培养这种良好品质，要从营造良好的师生关系开始，教师以身示范就是强有力的思想教育。

教改的步履艰难。难在何处呢？可能就在于以人为本的教育理念未能扎根。要突破以书本为中心、以考试分数为中心的传统，转变成为以育人为中心，迫切需要开展人本主义的学习和研究活动，把这项活动说是"补课"也并无不可。这是教改之魂，也是教师的基本素养。从文化入手推进教改，才是务本之策。古人说："求木之长者，必固其根本。"（魏征）

友善的反义词是什么？大家能查找到许多，这里不必多说。提这个问题的目的，是希望大家能在对比中加深认识——认识友善之功，不友善之害。教师要言行有度，筑牢底线。

善的灵魂是进步。弘扬友善文化的目的，是促进师生共同朝着正确的方向健康成长。愿我们都能学会友善，共筑和谐，共同进步。

五、走出"唯分数论"的怪圈

考试难以废除。考试之所以成为沉重负担的原因，很大程度上在于评分制度，在于"分数是命根"的观念，在于考试分数排行榜。

说不清考试分数排行榜兴起于何时何地，也不知道此举有何理论依据。实践证明，许许多多的苦难皆由此而生。不论学生们如何优秀，排行榜上总要有人排在末位。可以说，有排行榜就必然会"制造差生"，乃至"差班"。

某生期末考了94分，家长正要庆贺。忽然班主任来电说，您家孩子排名全班倒数第三，希望加油。顿时喜事变成了悲剧。这是何苦啊！倒数第三还得了高分，这是全班的喜讯。为什么不能接受全体同学都是优秀的呢？

一分之差，就会影响名次。这能说明什么呢？这能准确地衡量出人的学业、人的素质吗？对考试分数的盲目崇拜必然会制造"学业失败恐惧"。

石中英教授做过调查，发现学业失败恐惧在中学生中广泛存在，成绩差的学生有，成绩好的学生也有，而且这种恐惧与家长、老师对待学业失败的态度有直接关系。有一位女生描述自己成绩下降后的心理体验："我妈妈一味地指责、刺激，我甚至感觉手脚发麻，快没有知觉了。如果这种情况总是发生的话，我会否定自己，会产生坏情绪，感觉自己是个废物、无用之人，会有不想再活下去的心理了。"（《光明日报》，2022年3月26日）

排行榜显示的结果，老师真的相信吗？未必。杭州一位中学名师积多年之经验，发现考试成绩排在第十名的学生，后来发展进步的情况最好。我在北京问过某重点中学的老师，对"前十名现象"怎么看？她说，考试成绩在前十到十五名的最好，功课又好，又不拘谨。这个回答耐人寻味。原来，有水平的老师并不迷信排行榜，也不崇拜"状元"。

中央教科院曾经"调查了恢复高考以来的3 300名高考状元，没有一位成为行业领袖"。（《上海教育》，2011年12 A期）学者在分析时提到，重大失误就是没有给学生自由发展的空间；巨大的升学压力，学生要不遗余力地把所有的时间用于升学准备。

1984年，李政道教授在与中国科技大学少年班学生座谈时说："考试，只是考一个人的记忆力，考的是运算技巧。这并不是学习的重点，学习的重点是培养能力。"他劝大家：不要追求考试100分；真正的学习是培养自己在没有"路牌"的地方也可以走路的能力，最后能走出来。这才是学习最本质的东西。

1985年，陈省身教授给中国科学技术大学少年班题词："不要考第一。"后来，时任中科大校长朱清时院士对此解读说："原生态的学生一般考试能得七八十分，想得 100 分要用好几倍的努力，训练得非常熟练才能不出小错。要争 100 分，就需要浪费很多时间和资源，相当于土地要施 10 遍肥。最后学生的创造力都被磨灭了。"

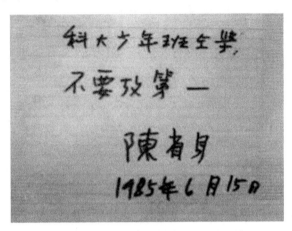

考试具有选拔功能，所以要按分数段录取。如高考、职业资格考试等。但这并不适用于日常教学，特别是基础教育阶段的教学。把它硬搬过来，就是自掘陷阱，强化应试教育，加重师生负担。由此衍生的排行榜与教师奖金挂钩的土政策，使排行榜具有了变态的含金量，使劲地把教育往斜道上拉。

不许公布排行榜的文件挺多，可惜屡禁不止。这迫使我们思考百分制的科学性。有关取消百分制的呼声一直不断。有人回答说，仍需试点。这就怪了。我国汉代就采用等级记分制。汉代太学分及格与不及格两个等级；唐、宋分上、中、下三个等级，后又分甲、乙、丙、丁四个等级或优、良、中、可、劣五个等级。新中国建立初期学习苏联，学校实行的都是五级分制，已经试过多少年啦！如今世界上许多国家的学校实行五级分制，有的国家采用十级分制。回头看看历史，抬头看看世界，我们怎能不加快改革的步伐。

改革评价体系，破除"唯分数论"，让教育回归以育人为本，是对师生的大减负、大解放。

蔡元培先生在《中国人的修养》一书中说道，决定孩子一生的不是学习成绩，而是健全的人格修养！

六、继续推进教育民主化

学习方式变革的背后是思想文化观念的变革。教学观、学生观都与民主意识有关。教育民主化既指教育机会均等，使民众都享有受教育的权利；也指教育和管理方式的民主化——包括确立"以学生为主体"的教育思想，建立平等的师生关系，以及学校和班级管理的民主化等。

中国近代以来，大力推进民主教育的是陶行知。陶行知留学回来，深入农村建校办学，主张兴办民主的学校，用民主作风教学生，为此要进行六大解放，把学习的基本自由还给学生：

一是解放他的头脑，使他能想；

二是解放他的双手，使他能干；

三是解放他的眼睛，使他能看；

四是解放他的嘴，使他能谈；

五是解放他的空间，使他能到大自然大社会里取得更丰富的学问；

六是解放他的时间，不把他的功课表填满，不逼迫他赶考，不和家长联合起来在功课上夹攻，要给他一些空闲时间消化所学，并且学一点他自己渴望要学的学问，干一点他自己高兴干的事情。（《小学教师与民主运动》）

何谓"学生"？陶行知先生的解释别具特色。他说："'学'字的意义，是要自己去学，不是坐而受教。先生说什么，学生也说什么，那便如学戏，又如同留声机器一般了。'生'字的意义，是生活或是生存。学生所学的是人生之道。"（《新教育》）

主体性教育，是把民主思想落实到教育教学的具体体现。1972年，联合国教科文组织发表的报告《学会生存》中提出："未来的学校必须把教育的对象变成自己教育自己的主体"，"学习者变成了学习主体，教育的民主化才是可能的。"

这在认知心理学上也是有根据的。当代建构主义的学习理论认为，学习是学生主动建构的过程，是学生对信息生成个人意义、形成个人解释的过程，是主动的、有选择性的、自主参与的过程。

推进教改以来，我们已经取得了前所未有的成就，但是，用民主的思想和作风进行教学和管理，道路依然漫长。最令人揪心的顽症，就是体罚和变相体罚屡禁不止。网上传出过学生罚跪的照片，那所学校规定，高三学生模拟考试成绩在90分以下的，要从操场跪着行走到教室去领卷子。如此校规体现的是什么文化？是否与缺乏民主意识有关呢？没有民主的思想，有的又是什么呢？

文明哺育文明，野蛮传播野蛮，是无可争议。摧残人的暴力教育的结果，或是培养奴才，或是培养暴徒。我们怎能不引以为戒。

陶行知说，教师"应该是民主的酵母"。这个观点理应成为教师修养的重要内容。

在民主生活中学习民主，促进创新型人才的成长，是立德树人的重要课题。我们要以深化改革的优异成绩，开新风，育良才，回应新时代的呼唤。

教师与导师

一、如何理解教师的主导作用

"学者未必是良师。"这句话不知是谁先说的，一直是学界的热门话题。

学者掌握学科专业知识，但他不一定能够胜任教师工作。因为教师具有"双专业性"，既要掌握学科专业的知识和技能，还要掌握教育教学的知识和技能。掌握学科知识不等于具有传授知识的能力；何况，教育教学的过程还会遇到许多学科知识以外的各种难题。只见课本不见人，就难以完成教书育人的任务。

胜任教书育人之重任，需要认真研究教育教学的理论和策略。"策略"指计策、谋略，是比方法更为上位的，凝聚着更高的智慧。武将有勇无谋就难以取胜，教师有知无谋同样会陷入困境。

成为良师需要多方面的修养锻炼，重要的是处理好教与导的关系，叶圣陶的名言："导是更高级的教。"启示我们，所有的教师都不要做教书匠，而要掌握导的艺术，做导师。

朱熹说："指引者师之功也。"

教师的主导作用不可低估，但要正确理解。"主导"不是包办代替，替学生做主，而是指导、引导学生自主学习。

叶圣陶先生认为："所谓教师之主导作用，盖在善于引导启迪，俾学生自奋其力，自致其知，非谓教师滔滔讲说，学生默默聆受。"（《叶圣陶语文教育论集》下册，第725页）

"善于启迪"的思想源于孔子。孔子曰："不愤不启，不悱不发"。（《论语·述而》）。朱熹对此解释说："愤者，心求通而未得之状也；悱者，口欲言而未能之貌也。启，谓开其意；发，谓达其辞。"

陶行知讲："活的人才教育不是灌输知识，而是将开发文化宝库的钥匙，尽我们知道的交给学生。"（《育才二周岁之前夜》）他在文中讲了一个故事：有一位道人用手一指，点石成金，一位徒弟在旁呆看。道人说："你把金子搬去可以致富。"徒弟却不断地摇头。道人问他为何不要金子。徒弟答道："我看中你那个指头。"陶行知感慨地说："世界上有多少人被金子迷惑而忘了点金的指头。"

研究教与学的关系可以明确为师之道。教师要在改革中及时转换角色定位，由教书匠转换为导师，或者说是由"演员"转换为"导演"。"导演"能够调动各方面的积极性和创造性，而自己是不出镜的。导演的作用在于"导"，他拼的是智慧。智慧型的教师亦是如此。

"一个坏的教师奉送真理，一个好的教师则教人发现真理。"这句名言是德国教育家第斯多惠讲的。从"奉送真理"转向"发现真理"的含义深刻。他还说："教育的艺术不在于传授知识和本领，而在于激励、唤醒和鼓舞。"

联合国教科文组织的报告《学会生存》提出："教师的职责现在已经越来越少地传递知识，而越来越多地激励思考；除了他的正式职能以外，他将越来越成为一位顾问，一位交换意见的参加者，一位帮助发现矛盾论点而不是拿出现成真理的人。""拿出现成真理"与前面说的"奉送真理"，意思是一样的，都不是好的教师。

教师转换角色做导师，学生转换角色成为探索者，是意义重大的华丽转身，正是教为主导与学为主体统一的体现。

小结就是一句话：我们过去是带着真理走向学生，现在要带着学生走向真理。

二、探究"导"的艺术

怎样进行"导"呢？大概没有标准答案，可从五个方面进行探究。

（一）诱导兴趣

关于兴趣重要性的论述很多。日本创造学家木村久一的观点别具特色。他说，什么是天才？"天才人物指的就是有毅力的人、勤奋的人、入迷的人和忘我的人。有了强烈的兴趣，自然会入迷，入了迷自然会勤奋、有毅力，最终达到忘我。"这段话为人才成长概括了一个链式：

兴趣、入迷—勤奋、毅力—忘我。

这个观点有益于我们研究和改进学生学习状况。兴趣是构成学习动机的主要因素。兴趣浓烈能够使人极度兴奋、顽强入迷，从而自觉努力、坚持不懈，以此为乐，乃至达到献身科学、奋不顾身的境界。

学习负担过重的原因是多方面的，其中一个重要原因是学无兴趣，形成了心理负担。人干有兴趣的事，千辛万苦也不觉得是负担，而且会乐此不疲、欲罢不能。可以说，诱导兴趣乃是化解心理负担之良策。

培养兴趣的重要环节是体验成功。人获得成功的体验，能够激起再次参与的愿望，日久天长就会入迷。体验教育是助人自主成长的利器。

兴趣具有偶发性、不稳定性，所以要对它进行理性的引导。或可将兴趣分为三个层次：有趣、乐趣、志趣。有趣能吸引人注意，乐趣能吸引人参与，志趣则能吸引人为之奋斗。强调志存高远是我们与西方一些学者的不同之处。立志是情理交融的过程。责任与兴趣并重才能充分调动人的积极性。两者结合，既敬业又乐业才是理想状态。

好奇心是青少年的天性，我们要尊重它、爱护它，因势利导。

讲一个"修表"的故事。有人来看陶行知，带来一个纸包里面是被拆散的表的零件。她说："陶先生。这只表是昨天刚买的，竟被我儿子拆成这样。我揍了他一顿，他把我的手抓破了。他5岁就敢拆表，将来大了只怕房子也要被他拆掉了。"

陶行知大笑说道："坏了，你打掉了一个爱迪生了！"我们上你家去，见见这个小爱迪生。到了朋友家，发现孩子坐在地上聚精会神地看蚂蚁搬家。陶行知带着孩子一起来到钟表店修表。陶行知对修表师傅说："价钱依你，但我要带着孩子看你修，让他长长知识。"整整看了一个多小时，孩子一声不响，不时用小手摸摸修表工具。表修好了，孩子翻来覆去地看了一会，高兴地叫着："又会走了。"陶行知说，百闻不如一见，百见不如一做。他又花了一元钱买回一只旧钟，让朋友的孩子和自己的儿子一起拆装，孩子们一直干到夜晚……

保护孩子的好奇心，太重要了。

好奇心能够激发孩子的求知欲，引导孩子爱观察、爱探索、爱思考、爱提问、爱讨论、爱实验，从中获得愉悦感、成就感，从而逐步养成爱学习、爱科学、探索未知的进取意识，报效祖国的事业心和责任感。简要地说，就是把"有意思"与"有意义"融合一致。

当然做有兴趣的事未必都能成功，但是成功者都起源于浓厚的兴趣。科学家说，兴趣是成功的引线。

（二）指导自学

自学是学习活动的基本形式，自学能力是学习能力的核心。教科文组织发布的《学会生存》，全面论述了终身学习的意义，其中指出："新的教育精神使个人成为他自己文化进步的主人和创造者。自学，尤其是帮助下的自学，在任何教育体系中，都具有无可替代的价值。"

有人曾对我国五类科学家的创造心理因素进行了调查，列出25个备选项目。结果，五类人员不约而同首选的都是"自学能力"。调查报告说，自学能力对创造成功有"惊人作用"，这是调查者始料不及的。

信息社会、学习型社会为终身学习提供了越来越好的条件，能否利用好这些条件，不断地接受新事物，掌握新本领，取决于每个人自学的意识、能力、习惯。学会学习才能学会生存，已经成为当代热门的词语。所以，教育领域也应做出相应的改革，改变"重教轻学"的倾向，引导学生乐学会学。

现实的情况是怎样的呢？先从一件小事说起。许多学校的图书馆都是冷冷清清的，学生很少去借书。为什么呢？调查发现，学生大多是教师讲什么、考什么，自己就学什么、背什么。不曾也不会读参考书、课外书。现在上网的人很多，可是在网上学习的并不多，因信息识别能力差而上当受骗的却大有人在。这从一个侧面反映出自学能力正在"弱化"。

怎么办？再讲一个故事。有一位中学校长发现上述情况以后毅然决定，每班每周在图书馆里上一节课，让学生学会使用图书馆，尽情自由阅读。后来开了一次读书心得交流会，其热烈程度使教师们大为惊讶——原来，小鸟出了笼子能飞那么高啊！这个小创新的意义并不小。

指导自学，包括指导学生学会读书。我国古代学者创造了多种高效的读书法。例如，清代学者唐彪总结出"五类四别"读书法。依据书籍内容的重要性分为五类，即当读之书，当看之书，当熟读之书，当再三细读之书，当备以资考之书。读书之法也要区别对待，可分为四种：目治（意指浏览）、口治（意指背诵），心治（意指思考研究），手治（意指抄录）。启示我们要处理好博与专的关系，要集中精力研读经典，而且要动脑又动手。这对于现在线上学习、线下学习都是有帮助的。

好读书、读好书、会读书，人的一生都会丰富多彩，充满阳光。教师要敢于放手，又要善于引导和激励学生探索未知，畅游学海，锻炼自学能力。能力是只能在实践中磨炼生成的。

毛泽东在《实践论》中说："你要知道梨子的滋味，你就得变革梨子，亲口吃一吃。"有的教师不放手，好心地对学生说，我把梨吃了，然后详细地把味道告诉你们。这能有什么效果呢？

几十年前，曾有一位学生当面对我说，"我们不爱吃别人啃过的馍"。这句话给我留下深刻印象。后来才知道，这是焦裕禄的名言。焦裕禄在兰考县防洪治沙，总是亲自参加一线调研，别人劝他注意身体，听听汇报就行了。焦裕禄毫不犹豫地拒绝了。他说："吃别人嚼过的馍没味道。"兰考的巨变证明，焦裕禄的思想方法和工作方法是正确的、有效的。

关于自学重要性的论文已有很多，现在需要结合实际开始行动，改变教学方式，设目标、教方法，指导学生养成自己学习探究的习惯，为终身学习奠基。

（三）引导思维

孟子曰："心之官则思，思则得之，不思则不得也。"（《孟子·告子上》）

教学重在启发学生思维，而不是用满堂灌代替学生思维。其实思维活动是他人代替不了的，如同我们不能代替他人消化食物一样。热衷于满堂灌的教师也许是出于好心，千辛万苦地把知识点掰开了、揉碎了，喂养学生。结果却是剥夺了学生动脑动手的机会。长此以往，学生能够越学越聪明吗？大概不能。

现在教改中强调提升思维品质是发展核心素养的关键；思维品质包括思维的深度、广度、速度、精度和创新程度等。

什么是聪明，什么是悟性，什么是智慧……这些令人神往的词语，其实表述的都是思维能力强。思维能力强的人，才能够学习好，才能在快速发展的社会中有较强的适应性、创造性，干什么都能有所成就。

传授知识当然重要，但更重要的是在学习知识的过程中训练和提升思维能力。所以，要变革学习方式，大力推广探究性学习，引导学生在探究问题的过程中，学会分析、判断、实验、论证、合作、答辩。思维能力是在经历风雨、攻坚克难的过程中磨炼出来的。

教师的讲授是必要的，但要少而精，留下空间，启发学生思考与想象。这或可借鉴画家"留白"之法。何谓"留白"？有名家解释道：乃是灵动往来之处，意蕴生成之源。齐白石说："画妙在似与不似之间，太似则媚俗，不似则欺世。"体悟此种说法，可能需要反复咀嚼消化，然后方能应用于教学之中。世上未可言传的知识、智慧可多啦！

（四）辅导答疑

《周易》蒙卦卦辞中说："匪我求童蒙，童蒙求我。"大意是说，好的教育方式不是老师找学生来受教，而是学生主动向老师求教。

学生提出问题找老师讨论，同老师提出问题问学生，意义大不相同。会答问的可能是个接受能力较强的乖孩子，能够提出问题并与老师讨论的可能是积极的探索者。养成提问的习惯，思维经常处于活跃的状态之中，自会提升学习效果、增强学习能力。

班级授课制虽有规范化、系统化的优点，可以扩大教师教学的单位能量，但是强调的是统一进度齐步走，难以照顾学生的个性差异。好的学生吃不饱，学习困难的学生吃不消，乃是常态。怎么办？建立和完善咨询教育系统，有助于落实因材施教。

我曾经旁听过某校老师在毕业班进行的"串讲"，课堂秩序不太好。因为，学习好的同学不爱听，学习差的同学听不懂。为什么不能改为辅导呢？"教"是不能代替"学"的啊！北京一所名校的实验班，高三只上半天课，下午学生在教室自习，教师坐在走廊里等待答疑。这个小创新深受学生欢迎。

附带想到另一个话题，有多少学生与教师有过面对面交流的经历？可能只有极少数。可是有这样经历的学生，都说印象深刻，甚至终生难忘。我的经历也是这样，现在依然记得读大学时，在教员休息室门前敲门时心跳的感觉，当然也记得受到老师指导和鼓励以后的愉悦心情——其实老师只说了一句："你挺爱钻研的"，我就高兴的终生难忘了。

不论网络如何发达，面对面的辅导交流无法替代，因为教育是心灵与心灵的交流，心灵是有温度的。

学校在计划周密的课堂教学系统之外，建立和完善一个教育咨询系统，对学生各方面出现的困惑疑难，进行咨询辅导教育。如，学习咨询、心理咨询、健康咨询、就业咨询等。老师要能胜任辅导工作，也是需要接受专业培训的。

（五）疏导解惑

青少年在成长过程中，遇到困惑，发生过失是难免的，需要及时地进行疏导。"疏"就是疏通思想上的障碍，"导"就是指引学生总结教训，改正过错，走上新路。古人说，"疏导"原来的词意是，疏导沟渠，则水自流行。后人把它移植到教育领域，认定"疏导"是让"水自流行"的一种智慧，一种文化。

怎么做？

魏书生老师"犯错误写说明书"的做法，就是疏导的成功范例。他不要求犯了错误的学生写检讨书，低头认错，而是写说明书剖析自己的心理活动。说明书要写三张纸：第一张，写犯错误之前，两种思想怎么争论；第二张，写犯错误之时，两种思想怎样交战；第三张，写犯错误之后自己作何感想。魏老师认为，每个人心中都有"好我"和"坏我"，两者在不断地争斗。认识清楚了，就能让"好我"战胜"坏我"。

魏书生的名言："用孩子的心灵深处的能源，去照亮孩子的精神世界，显然是最节省能源的方法。"

学习名师育人之术，可以感悟到自省、自知乃是自律、自强的前提。养成反省的习惯，才能够有自强不息的意识和能力。

疏导解惑包括教导学生遵纪守法，对违纪行为也应进行适度的惩罚，把晓之以理与约之以规结合起来。惩罚必须有章可循，以校规校纪为依据，进行惩罚的过程也是学习规则、强化规则意识的过程。惩罚不可违规。如果教师的行为违规，又怎能教育学生遵纪守规呢！

教育惩戒是教育手段，目的是以他律促进自律，是帮助学生抬起头来重新选择，而不是消极地把头低下。苏霍姆林斯基说："一个好老师，就是在他责备学生，表现对学生的不满，发泄自己的愤怒时，也要时刻记住：不能让

儿童'成为好人'的愿望的火花熄灭。"(《和青年校长的谈话》)

以上说了诱导、指导、引导、辅导、疏导，就是没有说"领导"。为什么？我想，能够做到这几个"导"，把学生的积极性调动起来，教师的领导作用就充分体现出来了。如果这几个"导"没有做好，教师不论如何严厉也难以起到领导作用。教师的权威，不是自封的，不是靠强硬的态度能够树立起来的，而是靠工作对象的信任而自然形成的。

探究"导"的方法和途径要树立正确的教育观。素质教育是以人的发展为中心的，而发展是不能由他人给予的，只能依靠自己的努力，亲身的实践。《矛盾论》中讲，发展的动力来自事物内在的矛盾运动，外因通过内因起作用。这同样适用于人的发展。

探究"导"的方法和途径要树立正确的学生观，相信学生是"天生的学习者"，学生各不相同，但都有成才之潜能，引导得当都能发光。要让学生有信心，教师必须有信心。要大力改进教学方式，引导学生在做中学，同时要加强个别辅导，一人一策，引导学生选择最适合的途径健康成长。

探究"导"的方法和途径，教师要保持初学者的心态。在科学技术日新月异的新时代，教师更不可能事事精通。青少年接受新信息、新知识、新文化可能会比教师更敏感。所以新的教育理念是"两代人共同进步"。有人认为，这是最新的教育思潮，充分体现了教育向人文主义的回归。

掌握"导"的方法和途径很不容易，需要精雕细刻，大胆创新。这恰好说明教师这个职业充满了智慧、美感，其乐无穷。

三、探究"接受"之谜

研究"教"与"导"的特点和规律，或可以先要换个角度，研究一下人"接受"新知的特点和规律。读懂学生才可能读懂教育，了解"接受"才能了解如何施教。下面提出五个要点，或可作为深入探究的切入点。

（一）需要

人们对自己需要的内容易于接受，需要越迫切，接受越主动，就像渴而思饮一样。需要包括直接需要和间接需要、物质需要和精神需要、存在需要和发展需要、眼前需要和长远需要、个体需要和群体需要等。

教育者要善于了解人的需要。施教时，先要激发人的正当需要，比如，提出有趣的问题，确定有挑战性的目标，这或可称之为"预热"；然后在三个要点上发力，使教育内容、教育方式、教育时机切合需要，或可称之为"点燃"。教学与学习者的需要的切合程度，制约着接受的程度。换个角度说，不了解对象的需要，只见课本不见人，脱离实际强行灌输，只能是低效的。

（二）情感

人与人之间的交流，不同于物与物之间的交换。人际交流总是带有情感因素的。古人说，亲其师，信其道。已经探讨了可亲与可信的密切关系。

"亲其师"谈何容易。人与人之间总是会有一定的情感距离的，很难达到完全的亲密无间，所以要研究"情距"，努力缩短"情距"。可以说，"情距"的大小同接受程度的高低是成反比的。比如，与他人谈话，距离越远，说话的声音就越大，而且效果不佳；距离很近，就可以轻声地说话了。

教师有"亲和力"就可能事半功倍。有的教师督促学生学习的方法，就是让学生害怕，使学生不敢不学习。这是不妥的。因为，扩大了"情距"，就降低了接受程度，只会导致"心不在焉"应付差事的"假学习"。

成语"心不在焉"出自《礼记·大学》。原文是"心不在焉，视而不见，听而不闻，食而不知其味。"学生如果处于此种状态中，后果将是什么呢！

教育工作要有个底线，防止学生因为厌师而厌学弃学。

（三）信度

接受的实质是认同、确信。提高信度的方法很多，如以事喻理、严密论证、示范作用等。从接受的角度说，论据是论点的根，论据是否充分，决定着论点能否成立。即使是正确的论点，没有生动、鲜活的论据，也难以令人信服、接受。比如，讲爱国，观点是明确的，可是要讲的生动感人，仍需下苦功夫收集资料，如，英雄的事迹、豪迈的诗歌、纵横的比较，乃至汉奸的罪状，等等。有经验的老师都有积累资料的好习惯，善于用事实说话，用事实引导学生得出结论。当然也可以指导学生通过收集资料进行学习，养成言必有据的好学风。

（四）难度

有时人们对信任的事物仍可能敬而远之，这常与难度有关。难度太小，人们会感到乏味；难度过大，人们会望而生畏。什么是适当的难度？管理学中有个比喻："跳起来能够摘到的果子。"

难易程度是由人已有的知识和经验决定的。所谓"学习"，也可以说是在旧知与新知之间建立联系。人会因为已有的经验和知识的不同，而对同一信息产生不同的反应。所以，智慧的教师都善于了解学情，找准学生的最近发展区，从实际出发进行教导，而不是从书本出发，从主观愿望出发。

基础教育一定要坚持基础性，力戒浮躁，力戒盲目地攀高求深。否则，违背了循序渐进的原则，结果很可能是适得其反。"揠苗助长"的故事，讲的就是这个道理。

（五）参与程度

传统的教学方式是我讲你听、我写你抄、我考你背，后果是高投入、低产出，师生都疲惫不堪。因为，听到了并不等于消化、理解、接受了。

教学是师生双向活动的过程。经验表明，学生的参与程度直接制约着接受效果。《学记》中说："虽有佳肴，弗食不知其旨也。"这恰是当前教学中的薄弱环节。

教改中倡导讨论式、探究式学习，意在吸引学生参与，发挥学生的主观能动性。学生在讨论、探索过程中遇到难题解决不了怎么办？这正是施教之良机，有如雪中送炭。从"要我学"变为"我要学"也就由此开始了。换个角度说，碰了钉子不也是收获嘛！

要想"教"有实效，一定要因学施教。不知学，何以教！还有学者说，现代的教师要成为研究"学"的专家。这里需要探索的秘密还有很多，不妨从研究"接受"的特点入手。

四、探究"乐学"之道

见过一个有趣的报道：2019 年底，一所中学运动会上初中某班学生打出奇异的横幅："我爱学习，学习使我妈快乐！"消息流传开来，赢得许多中小学生的共鸣，他们说，这条横幅说出了"劳苦大众"的心声……

有学者随机访谈了参加过 2018 年国际学生评估项目（PISA）测试的 60 名学生。问"你喜欢学习吗？学习会使你感到快乐吗？"学生的回答是这样的："喜欢，谈不上，应该说是被喜欢吧"；"不太喜欢"；"学习，作业，我听到这两个词心情立刻变差"；"还有人喜欢学习？疯了，肯定是疯了"。只有极少数学生回答："还可以"。

被动学习的后果如何，不言自明。

怎么引导学生乐于学习呢？讲学习的意义当然必要，可是对中小学生来说，设法使学习有意思、有乐趣，也很重要。既有意义，又有意思，方可持久地激发学习的积极性。

孔子说："知之者不如好之者，好之者不如乐之者。"（《论语·雍也》）大意是说，懂得学习的人比不上喜爱学习的人；喜爱学习的人比不上以此为乐的人。"知、好、乐"是学习的三重境界。达到乐学的境界，不只是没有负担，而且可能乐此不疲，才能成为成功的终身学习者。

改变教学方式，变灌输为探究性学习，创设情境，启发思维，搭建平台引导学生动手动脑，变被动的接受者为主动的探索者，乃是通往乐学之道。快乐都是做出来的，快乐的人都在"做事情"，而不是呆呆的等待，被动的生活。"乐"产生于实践中。

"探"字的意思是试图发现（未知），这个字的魅力无穷。侦探、勘探、探月、探海……都是神秘的、有吸引力的、有说不完的有趣的故事。"乐"来自探索未知。

探究什么问题？选题应贴近学生生活，由近及远，由浅入深。要因学施教，让学生在探究的过程中获得成就感。一次、再次……就可能萌生乐趣。"乐"源于成功的体验。

探究中必然会遇到难题，不知如何解决怎么办？只好带着问题更深入地学习。这是学用相长的体现。教师在关键时刻给予指导，学生肯定乐于接受，不会逆反。"乐"是需求得到满足时的反应。

探究是艰苦的，费心费力，而且会遇到挫折。但是越是艰苦，获得成就越加珍贵。不知苦，哪有乐！哲人说："学问是苦根上长出来的甜果。""乐"生于苦之中，成于苦之后。

探究性学习不只是可以比较牢固地掌握知识，而且，探究过程中形成分析论证、攻坚克难的思维习惯和品格，还会影响人的一生。"乐"是磨砺出来的一种积极的心态。

为师最重要的是相信学生的潜能，努力"点燃火把"，使潜能得以发挥；评价学习的效果，不要只重视考试分数，更要关注人的全面发展。老师能够和学生一起探索未知，共同成长，肯定也能收获快乐。信任、共享是"乐"的肥田沃土。

五、探究提高执教能力的途径

教师能够到校外参加培训当然是好事，但机会不多，时间不长。经常的切实可行的是参加校本研修，即在专家指引、同事互助、个人反思当中，促进专业发展。

个人反思是基础。反思的意思是回顾、回想，将自己的教育教学行为对象化，进行多角度多层面地分析、探究；是主体对自身实践活动及潜在理念的再认识。

古人说："学贵有疑。"疑人不易，疑己更难。反思要有超越自我的愿望、勇气和批判性思考的能力；要珍惜自己的经验，不论是成功的，还是不成功的，认真地分析总结，都是宝贵财富。一堂课怎么教没有标准答案，再好的教案也不可能没有修改的余地。发现不足，勇于改正，是进步的表现，养成反思的习惯才能够涵养人的智慧。

反思的内容聚焦课堂，这种研修具有很强的实践性，这是特点，也是优点。学习、借鉴他人的理论是必要的，但是他人的思想不能代替自己的思想。而且要明确，所有的科学理论都源于实践，我们在实践中思索总结，也有可能孕育出新的思想观念。反思是积极的进取，默默的创新。

反思要关注学生的变化。教学目的是否达到、教学设计是否合适，最终是要由学生的变化来验证的，对学生理应更多的关注。反思要有深度，就要俯下身来做好调查研究，切莫用"自我感觉良好"代替客观现实。

反思需要专家指引和同事互助，以开阔思路，相互切磋。

反思的方法很多。如，写反思笔记，梳理自己的思想，逐步把感性认识升华为理性认识。再如，把学生的意见和问题记录下来进行分析，加深对当代学生的理解和认识，从中可以发现教学的疏漏，还可以把学生出现的问题作为研究的课题！经验表明，如果很长时间没有学生提问，那就更需要寻医问诊了。

教师要学生进行探究性学习，自己也该结合工作进行探究性学习。探究中有所收获，有了真情实感，就会转化为教学的智慧。肯于对自己的"作品"反复推敲、修改，也是乐趣无穷的。要确信，没有任何一节课、一篇文章是没有修改余地的。

我多次听过自己讲课的录音。真是不听不知道，一听吓一跳。听了之后才发现有些话太啰唆了，有些话跑题了，有些话可以不讲，改为问题留给同学思考……

前辈学者说，"读一本书要越读越薄"，讲课也应如此，需要反复提炼，精细加工。

教师专业成长是个发展性概念，由新手到胜任者、熟练者，再到有独到见解的专家，是永无止境的。教师是以学习为生命的职业。陶行知先生说："要想学生好学，必须先生好学。惟有学而不厌的先生才能教出学而不厌的学生。"（《如何引导学生努力求学》）

六、敬业爱生与修养师德

师德，教师职业素质的首要因素。

职业素质包括：职业态度、职业能力、职业道德和职业责任（有人认为，还应该加上职业纪律）。这几个方面都重要，而职业道德则是职业素质的核心。为什么呢？因为其他方面都与职业道德密切相关。职业道德高尚，才能具有好的职业态度，不断提高职业能力，积极履行职业责任，出色地完成任务。

良好的职业道德，既能创造良好的工作业绩，还能促进个人的成长，使职业人的生活更充实、更美好。现实生活复杂多样。在同样的岗位上，有的人，刚健有为、朝气蓬勃；有的人，无精打采、牢骚满腹。你认为哪种人生活得有意义、有幸福感呢？

职业是社会分工的产物。社会道德在很大程度上是由各行各业的职业道德共同构筑而成的。也就是说，职业道德具有广泛的社会影响力。对别人服务得周到一点，笑脸多一点，都会引起积极反应。道德形成风尚，就能促进社会的和谐与进步。

职业道德于国、于事、于己都是必要的、有益的，是强大的正能量。

职业道德的主要内容是：爱岗敬业、诚实守信、办事公道、服务群众、奉献社会。（《公民道德建设实施纲要》）

关于教师职业道德规范，中国有关方面也做出具体规定。

《中小学教师职业道德规范》有1997年和2008年两个版本。1997年版包括八条："依法执教、爱岗敬业、热爱学生、严谨治学、团结协作、尊重家长、廉洁从教和为人师表"；2008年修订版包括六条："爱国守法、爱岗敬业、关爱学生、教书育人、为人师表和终身学习"，简要地说就是"三爱两人一终身"。2011年印发的《高等学校教师职业道德规范》共有六条："爱国守法、敬业爱生、教书育人、严谨治学、服务社会、为人师表"。

概括起来说，师德主要内容在于处理好三种关系，即教师与教育事业的关系；教师与学生的关系；教师职业劳动与自身人格的关系。师德规范与此相应的有三个要点，即敬业，爱生，以身作则。

（一）要做胸怀"国之大者"的大先生

敬业是以恭敬、严肃的态度对待自己的职业，把职业视为事业，而且对事业有较深刻的理解与认同。达到这样的境界，工作自然会有理想、有动力、有责任感。

敬业，首要的是要做胸怀"国之大者"的大先生。要从实现中华民族伟大复兴的高度认识教育的使命，有为国为民的大爱豪情。有大视野，才可能有大担当；有高境界，才可能有强动力。教师的岗位是平凡的，但是我们的心胸无比辽阔，永远面向未来。

讲一个真实的故事。

人民教师张桂梅为了改变贫困地区女孩失学辍学状况，在2008年推动创建了一所免费招收贫困女生的高中。她坚韧纯粹，甘当人梯，用知识改变贫困山区女孩命运，用爱心和智慧点亮万千乡村女孩的人生梦想。（《中华人民共和国简史》）

为建校，她捐出了自己的全部积蓄，乃至医疗费。12年来，已有1 804名大山里的女孩从这里走进大学完成学业，在各行各业做贡献。华坪女高佳绩频出之时，张桂梅却患上了多种疾病。她带病工作，永不停歇。她说："当听到学生大学毕业后能为社会做贡献时，我觉得值了。她们过得比我好，比我幸福，就足够了，这是对我最大的安慰。"

张桂梅入选2020年度感动中国十大人物。颁奖辞是：

烂漫的山花中，我们发现你。自然击你以风雪，你报之以歌唱。命运置你于危崖，你馈人间以芬芳。不惧碾作尘，无意苦争春，以怒放的生命，向世界表达倔强。你是崖畔的桂，雪中的梅。

山区脱贫要同时治愚，阻断贫困的代际传播。这个道理同样适用于国家治理，强国必先强教。

当今世界竞争激烈。各国之间的竞争，说到底是人才的竞争，是民族创新能力的竞争。因为人才资源是第一资源，人才资源对物质资源具有支配性，而且"人是唯一能增长和发展的资源"（德鲁克）。良好的教育，科学的管理，能使人成为巨人；反之，也可能埋没人才，人才匮乏必将限制物质资源的开发利用。

放眼世界，许多物质资源丰富的国家并不一定是经济发达的国家，而许多经济发达国家的物质资源却并不丰富，这个反差令人吃惊。它是如何形成的呢？有历史的原因，有社会制度的原因，还有教育与人才方面的原因。

中国要实现社会主义现代化，面临的艰巨任务之一，就是促进人口大国转化成为人才大国，把潜在的人才资源优势转化成为现实的优势。所以，我们要对新时代教育的功能和使命有新的认识，要着眼全局，敬业爱岗，看清三尺讲台与实现中华民族伟大复兴的紧密联系，强化从教的事业心和责任感，进而要能够乐业，有荣誉感。张桂梅老师就是我们的学习榜样。

（二）大先生要有仁爱之心

"爱生"的重要性已被名师说到极致了。有人说："没有爱就没有教育"；有人说："爱自己的孩子是人，爱别人的孩子是神。"还有人说："教育世界所有的属性都以理解为轴心"……总之，有爱才有责任。

1. 什么是"爱"

这个问题看似简单，请教过许多人，都未能回答清楚。学界对此也是意见不一。有人说，爱是需要的满足；有人说，爱是主动给予的幸福感；有人讲，爱是认同、喜欢的高度升华；有人讲，爱就是充实了的生命；有人认为，爱就意味着为所爱的人创造幸福；还有学者写道，爱是主体与客体的融合共振……

请问，你认同哪种意见呢？

不论如何解释，可以肯定地说，"爱"是人的一种情感修养，高尚的爱是需要学习的。

教师怎样才能具有仁爱之心呢？先讲一个故事：

陶行知先生当校长的时候，看到一位男生用砖头打同学，便向前制止，并叫他到校长办公室去。当陶校长回到办公室时，男生已经等在那里了。

陶行知掏出一颗糖给这位同学："这是奖励你的，因为你比我先到办公室。"接着他又掏出一颗糖，说："这也是给你的，我不让你打同学，你立即住手了，说明你尊重我。"男孩将信将疑地接过第二颗糖，陶先生又说："据我了解，你打同学是因为他欺负女生，说明你很有正义感，我再奖励你一颗糖。"

这时男孩感动得哭了。他说："校长，我错了，同学再不对，我也不能采取这种方式。"陶先生于是又掏出一颗糖："你已认错了，我再奖励你一块。我的糖发完了，我们的谈话也结束了。"

四块糖果的故事感人至深。这里充满了对学生的爱，同时也启人反思：我们学会"爱"了吗？人常说，没有爱就没有教育。可是怎样才能有爱呢？重要的是能够具有陶行知那样的慧眼，能够发现学生的优点，发现学生可爱之处，使爱具有充分的根据。

其实，我们爱任何事物，都是发现优点并与之同频共振的结果。如果只看见对方的缺点而看不见对方的优点，就会产生厌恶感，就会愤怒生气，乃至滋生敌对情绪——非要把你打败不可。用慢镜头一点一点地观察教师在体罚学生时的情绪变化，大概都是如此。

对于学生的缺点当然应该正视。但正视缺点的目的是克服缺点，而克服缺点则贵在发扬积极因素，克服消极因素，增强克服缺点的信心和能力。《学记》中说："教也者，长善而救其失者也。""长善"与"救失"之间是有因果关系的。长善救失是教师的能力，也是教师的素养，包括：培育慧眼、涵养爱心。

教师在教育别人之时，同时也在培育自己的仁爱之心。爱，是需要学习的。

2. 如何转化"差生"

爱生的难点在于如何转化"差生"？

中国某地教育代表团出国访问。座谈时询问对方，是如何转化"差生"的？翻译了几遍对方也听不明白，只是回答说，学生人人都是优秀的。提问者似乎不太满意，继续问道，难道就没有学习成绩差的学生吗？对方的老师这才听明白，但是不同意把考试成绩差的同学称之为"差生"。他们认为，这门功课的成绩不好，未必其他功课的成绩不好；这次成绩不好，未必以前不好；文化课的成绩不好，未必体育、美术、社会服务的成绩不好……所以人人都是有优点的。

看来，要转化"差生"先要转化观念。每位学生都有优点，对吗？可是为什么有人看不到学生的优点呢？问题出在评价标准不当。评价目标多元，评价方法多样，优秀学生就能涌现出来。

中国教改中有许多感人的故事。

一位优秀班主任接手了一个"乱班"。经过调查，发现调皮的重点人物多门功课不及格，只有思想品德课考了 70 多分。班主任问这位学生需要什么帮助？学生低着头说，反正我学不好了。班主任说，你的品德课不是学得很好吗，我希望你来担任品德课的副课代表。这位学生非常惊喜，微弱的自信心开始复苏，工作非常积极。后来又经过多次家访，多位老师的个别辅导，该生学习态度和学习成绩都有了很大进步。他的转变影响了周边的许多同学，班风明显好转。

在东北林区的一所学校里，老师告诉我，某生的身体强壮，性格古怪，几次因为打架受到批评。后来让这位学生课余时间参加学校保卫组工作，一次校外的流氓进来骚扰，他挺身而出，赶跑了滋事者。因此第一次受到了表扬。后来这位同学大变样了。

帮助学困生的办法是多种多样的，没有必要把某一种做法模式化。以上事例启示我们，赏识是爱，又是生长剂；信任是最大的激励。能够识人之善，善莫大焉。所谓的"坏孩子"，都不是天生的，他们背后都有一段受委屈的历史，如今存在的消极现象乃是以前受到扭曲教育的结果，难以完全由学生自己负责。教师了解了问题的来龙去脉，才可能理解学生，才能有效地进行帮助。

课改的文件中提出要树立正确的学生观。要点有三条：学生是发展的人；是具有独立意义的人；是独特的人。

树立正确的学生观，要学好辩证法，学会用发展的观点看待处于发展过程中的学生，防止用静止的、僵化的观点看学生。理解人的成长过程的渐进性、曲折性、差异性，教师的工作才可能更有针对性，更有耐心。教师对学生成长过程中出现的问题，要有准备，要慢下结论，不因一时一事就否定学生的一切。即使是"问题少年"，教育得法也是前途无量的。智者说，成长是一个不断试错的过程。这也许就是要有耐心的根据。

北京海淀工读学校是中国工读教育的发源地。半个世纪以来，教育培养了 7 000 余名学生。其中有的学生考上大学，成为有一技之长的成功人士。

树立正确的学生观，要有友善的态度，"友善"是朋友之间亲近和睦的意思。师生也是好朋友的关系。教师放下架子、弯下腰来，真心与学生为友，才有可能与学生进行平等对话，进行有效的引导。在等级观念严重的文化背景下，放下架子，平等待人是需要痛苦转身的。分析对学生进行体罚的案例可以发现，施暴者的错误不是方法不妥，而是角色定位不当。

树立正确的学生观，要尊重差异——孩子与大人的差异；孩子之间的个性差异。良好的学风不是千人一面，而是百花盛开，各展所长。有经验的教师总结出来的宝贵经验是"要学会用孩子的眼光看孩子"；"假如我是孩子，假如是我的孩子。"转换视角，更新观念，好孩子就会出现在你的面前。

3. 老师严厉是优点吗

近日有人发表文章呼吁：老师应该"严厉"，应该"把戒尺还给老师"。作者认为："老师越严厉，为孩子着想的心就越真诚。""老师严厉背后都藏着最深的爱。"

我看不明白此说之根据何在。现实的情况复杂，老师的严厉可能出于好心，但也可能不是。由于种种原因拿学生出气者有之；对学生不理解、不尊重者有之；脾气暴躁者有之……怎能一概而论。

教师严格要求学生、严格管理是必要的，撒手不管就是失职。但不宜把严格与严厉混同起来。善意的说服鼓励，耐心的引导帮助，完全可以达到严格要求、严格管理的目的。何需严厉！关键是教师要有进行鼓励、引导的多种手段和方法。如果能力不强，方法不多，存在本领危机，就可能走上说不服就压服的歧途。其实，压服的结果总是压而不服的。如果简单地说："老师不可能太温柔"；"老师太温柔，孩子就不学好"，这显然过于武断了。事实上，许许多多的名师都是和蔼可亲的，他们以美好的行动诠释了"亲其师，信其道"的古训。

作者还说："老师在教授孩子知识的同时，也在教导他们做人的道理，因此，老师本应更有权力管教孩子。"这话不错，但是我还想补充两句：其一，教导学生做人重在身教，以身示范。文明哺育文明，野蛮传播野蛮。其二，"管理"要合情合理，最有效的管理，是民主管理、自主管理。

魏书生老师讲了 30 年语文课，当了 22 年班主任。他说："我是班主任爱好者。"他当班主任的方法，就是一靠民主，二靠科学。第一，要牢牢地树立为学生服务的思想。咱是给人家服务的，就得研究被服务对象的起点、能力、可接受性。第二，既然给人家服务，不管人家起点多低，咱都帮着人家，一步一步朝前走，一点一点朝前挪，这样才容易在行动中改变学生。第三，发展每位学生的人性和个性。坚信所有的人都有向真、向善、向美的一面，都有积极好学的一面。魏书生老师创新了班级管理的方法，学生轮流当班长；在教学上，学生都来当助教，有的承包字、有的承包词、有的承包文学常识、有的承包修辞方法，有的承包课后练习题……学生得到了锻炼，健康成长，教师也是幸福满满。详情请上网查看"魏书生在全国班主任工作论坛的发言"。

回过头来再说一句，"严厉出于爱心"的观点是否准确，要接受实践的检验，不能自己说了算。更重要的是，"光强调教师要爱学生是不全面的，还应具体研究怎样去爱"。这也是魏书生老师讲过的。把"打是疼，骂是爱"当作教育规律，就过于低俗了。

再说一个典故。

荀子说：师术有四，第一就是"尊严而惮，可以为师"。（《荀子·致士》）

这是什么意思呢？有人注解说，有尊严而令人敬畏，可以作老师。这样解释对吗？我的学习体会不是这样的。"惮"的字义是惧怕，敬畏，这里指为师者要对工作有敬畏之心，兢兢业业，生怕把事情做不好。全句的大意是说，自尊、严谨、敬业者，可以为人师。如果自己对工作没有敬畏之心，却强制要求他人敬畏自己，这能成为学生敬爱的好老师吗！

出现这样的误解并非偶然，歪曲的师道观流传已久。迷信强制、暴力，把让孩子害怕当作教育手段，把"不打不成才"视为教育规律，于是有人就会以自己的偏见曲解古人的思想。

我曾经在一所学校抄录了一段名言，作者不详。在此原文转录，愿与老师们共勉。

与敌意同行的学会争斗，

与恐惧同行的学会忧虑，

与嘲笑同行的学会羞怯，

与鼓励同行的学会自信，

与分享同行的学会大方，

与友爱同行的懂得世界是美好的。

4. 向真理鞠躬

韩愈在《师说》中说："弟子不必不如师，师不必贤于弟子。"大意是，学生不一定不如老师，老师不一定比学生贤能。理解这个观点，联想到几个故事。

1937年，钱学森到美国加州大学攻读博士学位，师从冯·卡门教授。教授是当时美国的、也是世界的航空动力学权威。钱学森曾经将自己写的一篇学术论文交给冯·卡门教授，可是教授并不同意他的观点，而钱学森却坚持自己的观点，两人因此争论的面红耳赤。教授生气地将文章扔在了地上摔门而去。第二天，钱学森又在办公室见到了冯·卡门教授。教授向他鞠躬，并笑着说："昨晚我想了一夜，发现你的观点是正确的，而我的观点却是错误的！很感谢你能坚持自己的观点。"钱学森深受感动。冯·卡门教授后来回忆此事时说，我是在向真理鞠躬。这两位英才的故事，引人深省。

还有一个故事发生在2021年暑假，上海光华中学七（3）班学生小顾看到教科书《中国历史地图册》（第一册）中两枚古钱币照片的文字标注为"北魏孝文帝时期的铜钱太和五铢和宣和通宝"。他查阅资料确认"宣和通宝"是宋徽宗时期所造。这个观点已被专家认同。

我无意贬低教师，这里想研讨的是如何为师。上述几个故事给我的启示是，教师和教材编者要有博大胸怀，要坚信在真理面前人人平等，还要有向真理鞠躬的勇气。达到如此境界很不容易，需要常温"青蓝"之说，常吟"后浪"之歌，以平和而积极的心态进行教育教学，并且能够以培育出超越自己的学生为荣。

叶圣陶写过一篇文章《如果我当老师》，文中说："我要作学生的朋友，我要学生作我的朋友。"

教师的幸福感来自哪里？来自相互信任的、和谐的师生关系，来自两代人的共同成长。

（三）言为士则、行为世范

以身作则，就是以自己的行为做出榜样。

典故出自《论语·子路》。"其身正，不令则行；其身不正，虽令不从……苟正其身矣，于从政乎何有？不能正其身，如正人何？"后人据此概括出成语"以身作则"。

韩非子讲过"齐桓公好服紫"的故事：齐桓公喜欢穿紫色的衣服，举国上下纷纷效仿，于是"一国尽服紫"。那时五匹素布都换不回一匹紫布。齐桓公问管仲，我该怎么办呢？管仲回答说道：您何不试一下不穿紫衣服呢？您可以对侍从说，我厌恶紫色衣服的气味。齐桓公听从劝告。从这天开始，没有侍卫近臣再穿紫服；"三日，境内莫衣紫也。"

以身作则中的"则"字，意指规范、榜样。以身作则是政德的关键，亦是师德的重要内容。"灵魂工程师"工作的对象是人，是塑造灵魂、塑造生命、塑造人的工作。有关的调查显示，对学生产生长远影响的，排在首位的是教师的品德和教风。某些知识可能随着岁月而流失，而优秀教师的形象则能在人的心中长存。所以，教师要成为学生做人的镜子。自己能做到，别人才会认为可信、可学；同说理教育相比较，榜样教育具有更强的感染力。经验表明：身教胜于言教。

老师应该有言为士则、行为世范的自觉，不断提高自身道德修养，以模范行为影响和带动学生。

"言为士则、行为世范"的典故，出自南朝宋刘义庆著《世说新语》，意思是说，言谈、言论可为读书人的准则，行为可为世人的典范。

用这个典故启示教师要有以身作则的自觉性，这是对教师的厚望，也是教师成长进步的目标和动力。

以身作则具有丰富的内涵。教师敬业乐业的情怀，严谨治学的态度，教育教学的智慧，诲人不倦的精神，都会感染学生，引导学生学会如何为人处世。

以身作则要谨言慎行，言行一致。言为心声，行为心表，举手投足都是教育手段。艺术家塑造人物时，要让每个细节都能说话，都能表达情意。徐悲鸿当年在美术学院教学时就曾倡导"尽精微，致广大"的理念，后来这句话成为美院的校训。

以身作则要有积极的心态。教师有美好的教育理想，才能严于律己、渴求进步、力争完美，把工作中的难题当作研究的课题、锻炼自己的机会。在教育他人的同时教育自己，这既是为师之道，也是教师永葆青春的密码。

以身作则要守住底线，要不断地端正学风教风，力戒弄虚作假，表里不一。

修养师德不是要发表华丽的宣言，而是要精雕细刻待人、待事、待己之道，体现在行动之中。

师德是谈不完的话题。最后，说一点个人体会作为小结吧。

教师很辛苦，也很幸福。常有人把教师比作"红烛"，颂扬它燃烧了自己，照亮了别人。这种说法固然是出于好心善意，但并不一定确切。我从教半生，虽无显赫功绩，但自我感觉是生活充实，在努力照亮别人的同时，自己并非是越烧越短，更不是烧成了灰烬。我在教育实践中得到了提高，丰富了人生。有些课是重复的，可是温故而知新，边教边改，使我增长了才智。我们遍植桃李，把理想融于未来，我们的生命在下一代人的身上得到延伸，这不是很值得自豪的吗！从这个意义上说，教师的烛光是越烧越旺的，亮度是越烧越强的。邓小平同志提出的"三个面向"是教育发展的指针，也展示着教师的情怀。三尺讲台连接着古今中外，优秀文化从此出发代代相传。即使退休了，教师的生活也充满着文化的香气。教师的烛光永不熄灭。

重读陶行知

五四运动焕发的"爱国、进步、民主、科学"精神，对中国革命、中国教育产生了前所未有的重大影响。

五四时期是新文化运动的高潮，也是新教育运动的高潮。一系列新的教育思想都在这时涌现出来，包括推进教育民主化，实现权利平等，培养自由人格，重视教育与实际生活的联系，等等，推动了教育实验与改革。1922年的《学校系统改革案》，确定了六三三学制；实行选科制、分科教育，兼顾升学和就业两种准备，成为中国学校教育制度的奠基石，影响久远。此时，教育对外开放交流的规模也日渐扩大。

这一时期的教育家，首推蔡元培（1868—1940）。蔡元培提出的教育宗旨是五育并举（军国民教育、实利主义教育、公民道德教育、世界观教育、美感教育），在中国教育史上，书写了探索全面发展的新篇章。蔡元培在担任北京大学校长期间，确定了大学办学原则：思想自由，兼容并包，沟通文理，教授治校。主张对"中西文化的均衡处理"，并聘请了多位进步思想家到北大执教。

另一位杰出的教育家就是陶行知（1891—1946）。1914年，陶行知毕业于金陵大学文学系，同年赴美国伊利诺伊大学攻读市政学，次年入哥伦比亚大学教育学院，师从杜威。1917年回国在南京高师任教。

杜威（1859—1952）是美国进步主义教育运动的代表，他的教育思想，最突出的是以儿童为中心，以活动为中心，以经验为中心；倡导"做中学"（有人称之为"试验主义"）。我国五四运动爆发时，杜威正在中国讲学，对中国新教育运动颇具影响。

陶行知在五四运动以后，毅然脱下西装，穿上蓝布衫，积极投身平民教育运动。1923年任中华教育改进社总干事。参与发起成立中华平民教育促进会。平民教育运动的四大方针是：民主的、大众的、科学的、创造的。这是陶行知一生的教育理想。陶行知既是理论家，又是实干家。1927年在南京创办试验乡村师范学校（后来改名晓庄师范）。1932年创办山海工学团，1939年在四川创办育才学校。

一、创办好教育的目的

"教育是什么？教人变！教人变好是好教育。教人变坏是坏教育。活教育教人变活。死教育教人变死。不教人变、教人不变的不是教育。"这是陶行知在1931年写下的，文章题目是《师范生的第一变——变个孙悟空》。

教育的目的是什么？陶行知的理解是要研究人，促进人的发展，以人的发展为中心的，而不是见物不见人、见书不见人的。他强调，教师的职责是"千教万教，教人求真"，学生的任务是"千学万学，学做真人"。教育的中心是人的健康成长，教与学都要围绕这个中心展开。

培养什么人呢？当然不是旧教育那样的培养"人上人"，而是培养全面发展的"人中人"。陶行知说："我们的孩子们都从老百姓中来，他们还是要回到老百姓中去，以他们所学得的东西贡献给老百姓，为老百姓造福利；他们都受着国家民族的教养，要以他们所学得的东西贡献给整个国家民族，为整个国家民族谋幸福；他们是在世界中呼吸，要以他们学得的东西帮助改造世界，为整个人类谋利益。"（《育才学校创办旨趣》）陶行知的视野开阔，志存高远，教育理想与社会理想融合一体。我们今日拜读他的作品依然感到震撼。

1927年，陶行知在南京创办师范学校，大礼堂名为"犁宫"，图书馆名为"书呆子莫来馆"。起这样的名字意在说明，"书是一种工具，只可看，只可用，看也是为着用，为着解决问题。断不可以呆读"。陶行知立志要对"呆读"的传统进行根本性的变革。

师范学校的培养目标是："有农夫的身手，有科学的头脑，有改造社会的精神。"陶行知的人才观、教育观，让人耳目一新。

怎样创办好教育、活教育呢？陶行知认为，中国教育"最大的错误莫过于：或是从主观的头脑里空想出来，或是间接从外国运输进来，不是从自己的亲切经验里长上来"。（《中国师范教育建设论》）所以，他既反对"老八股"，也反对"洋八股"，认为必须扎根于祖国大地，从实际出发，在实践中探索创新之路。他自己称之为"试验主义"。

他继承并发展了杜威的生活教育论，强调"用生活来教育，给生活以教育，为生活的向前、向上的需要而教育"。这里讲明了教育的目的和教改的依据。

二、新教育与旧教育的区别

1917年，陶行知回国，任南京高等师范学校（该校1921年并入东南大学）教授，次年任教务主任。他曾在校务会议提出，要以教学法代替教授法。会上争论了两个多小时，大家的意见很不一致，结果是不了了之。会后，陶行知愤然辞去教育科主任的职务。

以教学法代替教授法是什么意思呢？陶行知在1919年2月发表的《教学

合一》中说，我国的学校教学分离，"重教太过"。"先生只管教，学生只管受教，好像是学的事体，都被教的事体打消掉了。论起名字来，居然是学校，讲起实在来，却又像教校。"他提出："先生的责任不在教，而在教学，而在教学生学。"陶行知的教学观，后来被许多人奉为经典。

"教学生学"就是"把教和学联络起来：一方面要先生负指导责任；一方面要学生负学习的责任。""教的法子必须根据于学的法子"，目的是指导学生"探知识的本源，求知识的归宿"，"这就是孟子所说的自得，也就是现今教育家所主张的自动"。

1925 年，陶行知去天津南开大学讲学。南开大学校长张伯苓先生向他建议，把"教学合一"改为"学做合一"。陶行知深受启发，1927 年，陶行知先生在南京创办试验师范学校，发表了题为《教学做合一》的演讲，并将"教学做合一"作为校训。蔡元培先生担任学校的董事长，并为学校题写了这个校训。

"教学做合一"的大意是，在做上教，在做上学；中心是实际生活。陶行知认为，"新教育和老教育不同之点，是老教育坐而听，不能起而行，新教育却是有行的。"（《新中国的新教育》）

"旧学校是不鼓励运用双手的，结果是真正地挫伤了学生们大脑的发展。……真正的教育确实应该帮助造就手脑都会用的人。"陶行知的这篇文章题为《手脑相长》。现在从脑科学的角度来说，陶行知的观点也是正确的。四体不勤的人会变傻，你不会不相信吧！

墨子认为，人的知识来源于闻知、说知、亲知。陶行知继承这个思想，并且指出，"闻知与说知必须安根于亲知里面方能发生效力。"（《行是知之始》）教而不做，不能算是教；学而不做，不能算是学。教与学都以"做"为中心，完整地体现了以学习者为主体的学习观。

陶行知主张自动主义。他说："近世所倡的自动主义有三部分：一智育注重自学，二体育注重自强，三德育注重自治。"学生自治就是大家组织起来，学习自己管理自己。他认为这是"我们数千年来保育主义干涉主义严格主义的反应"。启示我们，主体何在，是新教育与旧教育根本区别。（《学生自治问题之研究》）

陶行知的学习观，融通古今中外，是中国学习理论新的高峰。最为可贵的是，他不仅是这样讲的，而且是这样做的。

1932 年，陶行知创办山海工学团，方针是："工以养生，学以明生，团以保生"；工学团不是教师包揽一切，而是首创了"即知即传"的小先生制。

陶行知在《育才二周岁之前夜》中总结育才学校的经验，主要有三条：

一为集体自治；二为集体探讨；三为集体创造。他强调："生活、工作、学习倘使都能自动，则教育之收效定能事半功倍，所以我们特别注意自动力之培养，使它贯彻于全部的生活工作学习之中。自动是自觉的行动，而不是自发的行动。自发的行动是自然而然的原始行动，可以不学而能。自觉的行动需要适当的培养而后可以实现。……怎样才算是正确的培养呢？在自动上培养自动才是正确的培养。"例如，育才学校图书馆有许多小管理员；校庆之前要向外发邀请函，就培养了一批写信的小秘书……

陶行知首创了"小先生"制度，其中充满了爱心和智慧，也有说不尽的艰辛。

1930 年，晓庄学校师生因为参加反帝示威游行，被国民党政府下令停办。刚刚获得上学机会的孩子们又失学了。他们写信向陶行知求助。陶行知回信建议他们，团结起来干，会的教人，不会的跟人学，边教边学。不久，"自动学校"就在一座旧庙里诞生了。陶行知写信祝贺，称赞这是了不起的大创举，并附诗一首：

"有个学校真奇怪，大孩自动教小孩。七十二行皆先生，先生不在学如在。"

孩子们收到信后，在兴奋的同时也议论起来。大孩能够教小孩，难道小孩就不能教小孩吗？于是，他们写信告知陶行知。陶行知深受感动，立即回信说，小同学的话有道理，就把诗的第二句修改为"小孩自动教小孩"。

后来，陶行知曾经多次提到这段轶事，并且说："自动学校的小朋友，不是我的学生，乃是我的先生，我的一字师。"（《普及现代生活教育之路》）

"自动主义""自动学校"体现着先进的教育观、学习观；体现着实践第一、行居首位的唯物主义思想；体现着寓意深远的创新精神……

陶行知提出的变"教校"为"学校"，变"坐而听"为"起而行"，变灌输知识为"给钥匙"……既形象又深刻。他是老百姓喜爱和崇敬的教育家。

三、倡导教育创新

教育贵在创新。"新"字是什么意思？陶行知的解读别具特色。他在1919 年的一次演讲中说：

我们中国的教育，倘若忽而学日本，忽而学德国，忽而学法国、美国，那是终究是无所适从。所以新字的第一个意义要"自新"。

今日新的事，到了明日未必新；明日新的事，到了后日又未必新。即如洗澡，一定要天天洗，才能天天干净。这就是日日新的道理。所以新字的第二个意义要"常新"。

又我们所讲的新，不单是属于形式的方面，还要有精神上的新。这样才算是内外一致，不偏不倚。所以新字的第三个意义要"全新"。(《新教育》)

在这次演讲中还谈到新教育的目的，就是要养成"自主""自立""自动"的共和国民，并对新学校、新学生、新教员、新课程、新教材提出了新的见解。

陶行知论述的教育创新观含义深刻，对于我们今日的教改具有重要的指导意义。

自新。启示我们正确处理中外关系，要博采众长，但不能不加分析、不顾国情，模仿照搬。能够自新必先有自知、自信之功，自强之志。

常新。启示我们正确理解现在与未来、已知与未知的关系，目光远大，永不自满。能够常新必有学无止境的胸襟和态度，因而能自强不息。

全新。启示我们正确处理形式与内容的关系，求真务实，力戒浮夸，切不可华而不实，只重形式不重内容，新瓶装旧酒。能够全新必是理论与实践结合，全面把握教育规律之结果。

如今中国教育园地百花齐放，新理念、新模式层出不穷。其中，卓有成效者有之，昙花一现者也不少。有的人根据外国学者的只言片语搞改革，这正常吗？曾几何时，这些所谓的新模式已经烟消云散。究其原因，大概都是背离了陶行知的"三新"之说。

1943 年，陶行知写下《创造宣言》。文章的重点是讲教育者要勇于创造，创造真善美的活人，"教师的成功是创造出值得自己崇拜的人。先生之最大的快乐，是创造出值得自己崇拜的学生"。在抗日战争的艰苦岁月里谈创造，许多人是不理解的，而且疑虑重重。为此，陶行知讲古比今，推动大家解放思想。他写道：

有人说，环境太平凡了，不能创造。平凡无过于一张白纸，八大山人挥毫画它几笔，便成为一幅名贵的杰作。平凡也无过于一块石头，到了菲迪亚斯、米开朗琪罗的手里可以成为不朽的塑像。

有人说：生活太单调了，不能创造。单调无过于坐监牢，但是就在监牢中，产生了《易经》之卦辞，产生了《正气歌》，产生了苏联的国歌，产生了尼赫鲁自传……

有人说：山穷水尽，走投无路，陷入绝境，等死而已，不能创造。但是遭遇八十一难之玄奘，毕竟取得佛经；粮水断绝，众叛亲离之哥伦布，毕竟发现了美洲；冻饿病三重压迫下之莫扎特，毕竟写出了《安魂曲》。绝望是懦夫的幻想。歌德说：没有勇气一切都完……

怎样进行创造呢？《创造宣言》写道："古语说，穷则变，变则通。要有智慧才知道怎样变则通，要有大无畏之精神及金刚之信念与意志才能变得过来。"

《创造宣言》的点睛之笔是"处处是创造之地，天天是创造之时，人人是创造之人"。大家可曾记得，有一年全国高考的作文题，就选用了陶行知在半个多世纪以前写下的这三句话。

《创造宣言》的结尾是这样的："只要有一滴汗，一滴血，一滴热情，便是创造之神所爱住的行宫，就能开创造之花，结创造之果，繁殖创造之森林。"读到此处，人们都会热血沸腾！

陶行知是充满热情的创造者。1928 年，晓庄师范的毕业生编写了一本诗集《破晓》，陶行知为它作序说道：

在晓庄一切诗化：困难诗化，所以有趣；痛苦诗化，所以可乐；危险诗化，所以心安；生死关头诗化，所以无畏。这是建设的达观主义，也可以说是创造的乐天主义。

学习和研究陶行知的"诗化思想"，可以加深感悟他的创造智慧。

四、推进教育的民主化

陶行知是中国"民主教育"的先驱，他的教育理想与社会理想是一致的，主张"教育为公以达到天下为公"。他认为，"民主教育是教人做主人，做自己的主人，做国家的主人，做世界的主人。"这篇文章题为《民主教育》，刊于 1945 年 11 月 1 日《民主教育》杂志的创刊号。

民主的教育方法是在民主的生活中学习民主，使民众和学生自动、自觉地走上创造之路。

1939 年，陶行知在四川创办育才学校，实行集体生活，民主管理，实行小先生制，生产、生活、劳动融为一体。在民主的生活中学习民主，养成自己管理自己的能力。学校设在旧庙里，条件极为简陋，但教师队伍非比寻常，有贺绿汀、艾青、戴爱莲、翦伯赞等人。1940 年 9 月 22 日，周恩来、邓颖超来育才学校看望师生并题词。周恩来的题词是"一代胜一代"；邓颖超的题词是"未来是属于孩子们的"。他们还捐赠给学校 400 银圆。

陶行知主张把民主思想落实在教育教学中。为此要树立积极的儿童观、学生观，要承认儿童的人权；了解儿童的能力需要。"我们必须重生为小孩，不失其赤子之心，才能为儿童谋福利。"（《敲碎儿童的地狱，创造儿童的乐园》）

他主张"把孩子从鸟笼里解放出来"，他多次讲到，要进行六大解放，使学生能想、能干、能看、能谈，能到大自然大社会去取得更丰富的学问，能有空闲时间学一点自己渴望要学的学问，干一点自己高兴干的事情。

这段话引自《小学教师与民主运动》一文，陶行知期望小学教师也要从民主运动的高度认识和改进教学。文章发表于 1946 年 5 月。遗憾的是，同年 7 月，陶行知先生就因病仙逝了。

五、两个"同甘苦"

实施民主教育，教师应当做民主的酵母，要做到两个"同甘苦"。一是"做新教员的要有共和精神。就是不可摆出做官的态度，事事要和学生共同甘苦"。二是"我们必须有一个'农民甘苦化的心'才配为农民服务"。你若把你的生命放在学生的生命里，把你和你的学生的生命放在大众的生命里，这才算是尽了教师的天职。(《中国大众教育的问题》)

陶行知是这样说的，也是这样做的。

当年创办育才学校，环境十分艰苦，有时师生只能以稀饭胡豆度日，陶行知也日渐消瘦。曾经有人劝他："环境如此艰难，丢下育才吧！你何必顶着石臼做戏，抱着石头游泳呢?"

陶行知回答说："你们说错了，我是抱着爱人游泳，爱人怎么能丢掉呢? 一定要抱着爱人游泳，游过激流险滩，到达胜利的彼岸。"

陶行知的个人生活到底是怎样的呢? 请再看一段真实的故事。

夜已经很深了。吴树琴(陶行知的夫人)在灯下补衣服。这件长袍还是陶行知办平民教育时穿的，原是一件夹袍，后来请裁缝翻成棉袍。已穿了近 20 年，下摆和袖口都磨烂了。天这么冷，他每天只穿一件旧学生装在外面奔走，多么需要一件暖和的棉袍！可是，学校已难以维持，连吃饭都成问题，家里哪儿还有钱买衣服！她叹了一口气，找出一块颜色相近的布，开始补起来。

半夜，陶行知才回来。冻得发紫的脸上，显出疲惫和焦急的神色说道："今天一无所得。跑了几个地方，不是人不在，就是推没有钱。一分钱也没有拿到。"说罢喟然长叹。树琴端来了一碗稀饭，陶行知一口气喝下，又问"还有吗? 真饿坏了。"一会儿又喝了一碗。然后对树琴说："明天早点叫醒我。学校的米只剩下几天，常备药也用完了。到处要钱用，没有钱如何是好！"

树琴忧虑地劝他："你天天出去募捐，太苦了。我看你还是到延安去吧。这样下去，总有一天你要拖垮。"陶行知坚定地说："我若一走，学校的师生都要遭殃。育才学校便可能和晓庄师范一样，被蒋介石封闭，所以我不能去，非要在这里顶下去不可！为新中国培养人才，我吃点苦又何妨。"

第二天，陶行知穿上补好的棉袍，又奔走在重庆的大街小巷。

后人给这段往事加了一个标题:《非在这里顶下去不可》。

陶行知有崇高的事业心,绝非偶然。1923 年,他在给友人的信中袒露自己的心扉:

我本来是个中国的平民。无奈十几年的学校生活渐渐地把我向外国的贵族的方向转移。学校生活对于我的修养固有不可磨灭的益处,但是这种外国的贵族的风尚却是很大的缺点。好在我的中国性、平民性是很丰富的,我的同事都说我是一个"最中国的"留学生。经过一番觉悟,我就像黄河决了堤,向那中国的、平民的路上奔流回来了。

我们生在此时有一定的使命,这使命就是运用我们全副精神来挽回国家厄运并创造一个可以安居乐业的社会交与后代。

陶行知的志愿就是要办平民教育,"用四通八达的教育来创造一个四通八达的社会"。(《创造一个四通八达的社会》)

平民的本色,"最中国"的赤子情怀,民主的思想,创新的智慧,他的事迹和真知灼见,将永远激励着我们。

陶行知献身民主运动,曾经担任中国人民救国会和中国民主同盟的主要领导人。1946 年,李公朴、闻一多遭国民党特务暗杀,黑名单上的第三名就是陶行知。他做了"我等着第三枪"的准备,继续战斗。从到达上海至去世,100 天里演讲 80 次。7 月 16 日他在给育才学校师生最后的一封信中,鼓励大家加强五项修养:一为博爱而学习;二为独立而学习;三为民主而学习;四为和平而学习;五为科学创造而学习。7 月 25 日,陶行知因患脑溢血逝世,享年 55 岁。

陶行知先生的墓在南京晓庄师范校内。墓碑上写着:中国五十三人民团体公葬。墓前的石牌坊上刻着陶行知的名言:"爱满天下","千教万教教人求真,千学万学学做真人。"

我曾经去南京晓庄师范旧址参观学习,拜谒陶行知先生墓,受益良多。现在草拟此文,我的心仿佛又飞到了晓庄……

把立德树人任务落到实处

一、立德树人是教育的根本任务

2018年9月，习近平总书记在全国教育大会上的讲话中明确指出："要把立德树人融入思想道德教育、文化知识教育、社会实践各个环节，贯穿基础教育、职业教育、高等教育各领域，学科体系、教学体系、教材体系、管理体系要围绕这个目标来设计，教师要围绕这个目标来教，学生要围绕这个目标来学。凡是不利于实现这个目标的做法都要坚决改过来。"

树人为本是中国教育的优良传统。《管子·权修》中说："一年之计，莫如树谷；十年之计，莫如树木；终身之计，莫如树人。""树"意为培植、培育。"终身之计，莫如树人"指培育人才乃是长久之计，终身大事，很重要也很不容易，故须久久为功，不可懈怠。

立德树人强调的是，教育的目的是树人，树人要以立德为先，"德"在人的全面发展中是居于主导地位的。"德"既指个人品德优良，也指为国为民，建立德业。明大德、守公德、严私德，人才能够健康成长，成长为优秀人才，国家的栋梁之材。

2018年5月，习近平总书记在北京大学师生座谈会上说："'才者，德之资也；德者，才之帅也。'人才培养一定是育人和育才相统一的过程，而育人是本。人无德不立，育人的根本在于立德。这是人才培养的辩证法。"

讲话中引用的典故出自司马光的《资治通鉴》。原文是："聪察强毅之谓才，正直中和之谓德。才者，德之资也；德者，才之帅也"。大意是说，"才"指聪慧明察、坚强刚毅，即能力；"德"指公正、平和，即品行。才能是品德的支撑，品德是才能的统帅。为什么说德居帅位呢？司马光在下文还说道："君子挟才以为善，而小人挟才以为恶。"这有事实为证。

春秋末期，晋国被智、韩、赵、魏四卿掌控，智氏的实力最强。智宣子年迈，要立其子智伯为继承者。族人智果极力劝阻，认为智伯虽有才能，但无仁德。立之"则智宗必灭"。智宣子不听劝告。后来智伯执政，不但戏弄侮辱其他三家，还屡次向他们索要领地，结果引发"三家灭智"，智伯被杀。

司马光总结历史教训时指出："智伯之亡也，才胜德也。"

在现实生活中，君子挟才、小人挟才的实例比比可见。

中国"两弹一星"科学家的事迹感人至深。"两弹一星"精神：热爱祖国、无私奉献，自力更生、艰苦奋斗，大力协同、勇于攀登。对此，朱光亚曾阐述得非常深刻："热爱祖国、无私奉献，是我们力量的源泉，是一种高尚的情操和品德；自力更生、艰苦奋斗，是我们事业的根本基点，是一种自强不息的精神和意志；大力协同、勇于攀登，是我们事业的时代特征，是一种优良的作风和传统。"无可争辩的事实表明，伟大的创造皆诞生于崇高的思想境界。

另一方面，"高学历犯罪多发值得深思"。这是《北京晨报》2015 年 9 月 24 日一篇报道的标题。报道中说，自党的十八大以来，已经落马的 81 位省部级老虎当中，有 25 位博士、39 位硕士。这些学历很高、颇有才能之人，却在为非作歹。

另据报道，智能犯罪的案例令人触目惊心。近年来，检察机关办理网络犯罪案件以年均近 40% 的速度攀升，2020 年达到了 54%。特别是战"疫"期间检察机关办理的诈骗犯罪案件中，有 1/3 是利用网络实施的。（中国新闻网，2021 年 1 月 25 日）罪犯中就有许多掌握先进技术的"能人"。他们在学业考试中及格，在社会考试中落榜，成了有才无德的反面教员！有学者说，才能是个数字，品德是数字前面的正负号。

巨轮远航要有良好的导向系统，才可顺利地到达彼岸。如果导向失灵，后果将是十分危险的。人之成长亦是如此。漫漫人生路，征途多艰险，有正确思想的指引，才可能成为优质人才。所以，要坚持成才先成人，全面发展要以德为先，办教育，要以立德树人的成效作为检验功过得失的主要标尺。

2014 年教师节，习近平总书记视察北京师范大学，在学校主楼参观"尊师重教、筑梦未来——庆祝第 30 个教师节主题展"时，看到一张北师大早年一位毕业生公共课考试的成绩单。学校负责人介绍说，排在第一的公共课就是"人伦道德"，总书记转过身来，笑着对随行人员说，古人说"传道、授业、解惑"，教师职责第一位的就应该是"传道"。

我们要牢记总书记的教诲，把立德树人的任务贯穿于教育的全过程。这项塑造灵魂的工作难度大，而且很难立竿见影，但是它牵动全局，功在后世。我们必须胸怀"国之大者"，本着对社会、对学生一生负责的精神，努力工作，把它落到实处。

思想政治教育的重点有三个方面：思想觉悟、道德水准、文明素养，需要全面加强，落实到位。

二、加强理想信念教育

进行理想信念教育，是习近平总书记一直关注的重点。他提出的实现中华民族伟大复兴的"中国梦"，就是理想信念教育的号角，具有极强的吸引力和认同度，成为新时代的最强音。习近平总书记的名言："理想信念就是共产党人精神上的'钙'"；"用理想之光照亮奋斗之路，用信仰之力开创美好未来"，为青年的成长指明了方向和路径。

在学校开展理想信念教育要把握好三个重点。

（一）得其大者可以兼其小

理想，是现实合乎规律的发展；信念，是坚定不移的、奉为行为准则的理念。

理想信念的坚定，来自思想理论的坚定。坚定社会主义理想信念就必须通晓社会发展的规律。其一是社会主义胜利的必然性。这就要认真学习马克思主义理论，了解社会发展规律，坚定走历史必由之路的信念。其二是中国走"中国特色社会主义"道路的必然性。这就要深刻领会习近平总书记所说的："独特的文化传统，独特的历史命运，独特的基本国情，注定了我们必然要走适合自己特点的发展道路。"从搞清楚三个"独特"入手，把马克思主义基本原理与中国实际结合起来，坚定为中国特色社会主义而奋斗的决心和信心。其三是正确处理个人理想与社会理想的关系。2015 年 6 月，习近平总书记在中国少年先锋队第七次全国代表大会上指出："一个人可以有很多志向，但人生最重要的志向应该同祖国和人民联系在一起，这是人们各种具体志向的底盘，也是人生的脊梁。"

习近平还说道："'得其大者可以兼其小'。只有把人生理想融入国家和民族的事业中，才能最终成就一番事业。"（给北京大学考古文博学院 2009 级本科团支部同学回信）文中引用欧阳修名言的大意是说，懂得大道理就可以兼得其中的小道理。

胸中有大视野、大格局，人生才能有准确的定向定位；只有把小我融入大我，才会有海一样的胸怀，山一样的崇高。

（二）依靠文化自信坚定理想信念

2017 年初，习近平总书记在党的十八届中央纪律检查委员会第七次全会上的讲话中提出：当前，教育青年"得其大"，要加强爱国主义、集体主义、社会主义教育，引导人们树立正确的历史观、民族观、国家观、文化观。

为什么要强调"四观"教育呢？习近平总书记指出："引导我国人民树立和坚持正确的历史观、民族观、国家观、文化观，增强做中国人的骨气和底气。"这个观点具有明确的针对性，强调要增强民族自信心，反对历史虚无主义。

历史虚无主义者丑化传统，否定革命，抹黑领袖和英雄人物，以"还原历史""反思历史"等方式，以主观代替客观，以细节代替整体，以臆想代替史实，叫嚷"过去的故事反着讲"……以此搞乱人心，瓦解人们的斗争意志和信心。历史虚无主义的要害是"三个否定"，即否定马克思主义指导地位，否定中国走向社会主义的历史必然性，否定中国共产党的领导。2014 年 10 月，习近平总书记在中央政治局第十八次集体学习时明确指出："我们不是历史虚无主义者，也不是文化虚无主义者，不能数典忘祖、妄自菲薄。"

抵制和清除历史虚无主义的影响，关键是正确地树立"四观"，学会用历史唯物主义的观点看待历史、理解文化、认识社会。"四观"是相互联系的。历史铸造了文化，文化展现着历史，文化都具有民族性。"四观"是明辨是非，增强"四个自信"的理论基础。

文化自信是更基本、更深沉、更持久的力量。文化是一个国家、一个民族的灵魂。人的精神世界的方方面面都与文化有关。多么好的优良品种也只有在肥田沃土中才能发育生长。2017 年初，习近平总书记在十八届中央纪律检查委员会第七次会议上说："要依靠文化自信坚定理想信念。"思想教育工作的重要任务，是以文化自信促进民族自信，以文化认同促进政治认同，以文化涵养精神，提升人的精神境界。

"认同"意即认可、赞同；是人的情感和意识上的归属感。"文化认同"是群体形成的核心要素。

增强文化自信的重要途径是学好"四史"——党史、新中国史、改革开放史、社会主义发展史。历史是最好的教科书，"学史增信"是规律性的判断。

思想教育工作者要继承中华文化特有的"以文化人，以文育人"的传统，使爱国主义、集体主义、社会主义教育具有深厚的文化底蕴，从而更有说服力、感染力、亲和力。

（三）在知行合一上下功夫

提高思想觉悟，坚定理想信念，基础在学关键在做。习近平总书记告诫我们："道不可坐论，德不能空谈。于实处用力，从知行合一上下功夫。"（《习近平谈治国理政》，第 173 页）要"以知促行、以行促知"。"知行合一"是深刻的哲理，也是思想教育的理论基石。

2016 年 12 月 7 日，习近平总书记在全国高校思想政治工作会议上讲道："既要读万卷书，又要行万里路。高校学生支教、送知识下乡、志愿行动等活动，都展现了学生的风貌和服务社会、报效祖国的情怀。许多学生正是在这样的社会实践和社会活动中树立了对人民的感情、对社会的责任、对国家的忠诚。"这里肯定了实践德育的成效，也明确了改进思想教育工作的重点和方向。

实践可以检验所学，而且能学到书本上没有的"隐性知识"，促进知识向能力的转化。在实践中磨炼是很艰苦的。现在的生活渐渐富裕了，如何防止"富贵病"是一个时代的课题。2013年5月，习近平总书记在同各界青年代表座谈时指出："无数人生成功的事实表明，青年时代，选择吃苦也就选择了收获，选择奉献也就选择了高尚。青年时期多经历一点捶打、挫折、考验，有利于走好一生的路。"

古人说："路不险，则无以知马之良；任不重，则无以知人之材。"（唐·马总《意林·中论》）大意是，道路不险恶，就无法知道马的好坏；任务不重，也就不知道人的才能如何。

所以，社会实践和志愿服务要走出"业余化"的被动状态，形成制度，纳入必修，计入学分，从而发挥更积极的作用。"教育引导、实践养成、制度保障"共同发力，能够使思想教育工作更规范，更有实效。

三、提高道德水准

2014年5月，习近平总书记在北京大学师生座谈会上说："修德，既要立意高远，又要立足平实。要立志报效祖国、服务人民，这是大德，养大德者方可成大业。同时，还得从做好小事、管好小节开始起步，'见善则迁，有过则改'，踏踏实实修好公德、私德，学会劳动、学会勤俭，学会感恩、学会助人，学会谦让、学会宽容，学会自省、学会自律。"

这里讲的"立意高远"与"立足平实"的关系，充满了辩证思想。探讨这个问题要注意把握两个要点：一是大与小的关系；一是知与行的关系。

要成大事，不应忽视"小事"。小事不做，大事难成。古人云："轻者重之端，小者大之源，故堤溃蚁孔，气泄针芒。是以明者慎微，智者识几。"（《后汉书·陈忠传》）大意是说，小事是大事发生之源头，小的蚂蚁窝能使大堤溃决，针芒般的小孔也能使气泄掉。所以明智的人都会慎重地对待微小的事故。

品德修养更是如此。"防微杜渐"体现的是大智慧。古人说的好："勿以恶小而为之，勿以善小而不为。"（《三国志》）

人的品德是怎样形成的呢？是知、情、意、行相互作用、协调发展的结果。道德认识是抉择行为的先导和基础；道德感情是一种心理体验，具有强化或者弱化道德认识和行为的作用；道德意志是抉择行为时的决心和毅力；道德行为是在知、情、意的推动下产生的，是它们的综合表现和结果。

道德行为是衡量品德优劣的尺度。评价一个人，要听其言，观其行。

"行"是多种多样的，如被迫之行、盲从之行、模仿之行等，只有经过自主选择的自觉之行，才是真正的道德行为。不论是否有人监督，不问利害得失，"生乎由是，死乎由是，夫是之谓德操。"（荀子）

修养品德重在提升道德实践力。《周易》中说："君子以果行育德。"南宋理学家陆九渊认为："行为德之基也。基，始也。德自行而进也，不行则德何由积？"（《陆九渊集》，卷三十四）

修养品德最忌的是会写会说不会做，好高骛远，脱离实际，甚至是言行不一，言清行浊。这种人终无大用，而且可能走向歧途。在反腐败斗争中，揭露出来的"两面人"已经不少了。我们要重视这些反面教员的警示作用。

党的十八大以来，党风廉政建设取得前所未有的巨大成就。中央的八项规定就是从身边小事抓起的。小事小节是一面镜子，能够反映人品，反映作风。小事认真做，就能产生大效果。效果既有物质方面的，也有精神方面的。

这也启示我们，思想教育工作必须贴近生活，坚持理论与实践相结合，引导青年要志存高远，又要从做好小事、管好小节开始，养成习惯。此中贵在有恒。民间谚语说："日日行，不怕万里路；时时做，不怕事不成。"只要选准方向，持之以恒地做下去，就能积土成山，积水成渊，积善成德。

四、培育文明素养

文明的内涵极为宽泛，包括物质文明、精神文明、政治文明、社会文明等方面。现在只从个人修养的角度，重点研讨两个问题：文明礼仪和文明习俗。

关于文明礼仪。中国素有"礼仪之邦"的美誉。礼仪是中华民族文化的重要内容。文明礼仪的内容涉及社会生活的各个方面，包括仪容、表情、举止、动作、语言、服饰、待人接物等。在人际交往过程中的行为规范称之为礼节，在言语动作上的表现称之为礼貌。文明礼仪教育的原则主要是：敬人、自律、适度、真诚。

在中国教育界，天津南开学校教学楼的镜子上的《镜铭》（容止格言），影响极为深远。内容是：

面必净、发必理、衣必整，纽必结；头宜正，胸宜宽、背宜直；气度：勿傲、勿暴、勿怠；容颜：宜和、宜静、宜庄。

镜箴要求南开学子拥有整洁合适、积极向上的仪容仪表；平和、宽仁的处世态度；修身养性不傲、不暴、不懒散，平和安静庄重，由此养成文明的习惯，提高自身的道德情操，抬头挺胸，堂堂正正地做人。张伯苓校长要求青年一代从最基本的日常生活起居做起，焕发精神，进而为中华民族的振兴大业贡献力量。一衣不整，何以拯天下？南开校规明确规定："体态松懈，言语蛮横，奇装异服，光彩华丽，凡一切惹人注目之行为装饰，皆行禁绝。"（《南开周刊》，第1卷）周恩来在南开学校就读时，就将《镜铭》作为自己的行为准则，而且多年不忘。

"文明"是同野蛮愚昧对立的。化野为文，除昧为明。提高文明素养是个破旧立新的过程。党的十九大报告把"移风易俗"提到重要位置，具有很强的针对性。

先做一个案例分析：《在"加油"声中走向死亡》。

某酒吧规定，顾客能在3分钟内喝下6杯共1800毫升的鸡尾酒，500元以内的消费就可以免单。否则，就得支付6杯酒的费用，一共168元。

混合了伏特加、白兰地、朗姆、卡盾XO等7种酒的"特调鸡尾酒"摆在酒吧的舞台中央，一位广东某高校大一学生王某，孤零零地站在一边，当他喝下了第5杯酒后，干呕了几下，走下台阶，摆了摆手。在酒吧的监控视频里，这个动作显得太轻微了，很快就被更大的喧闹覆盖。台下热闹的人潮用手机镜头对准了他，有人在拍手鼓掌，"加油！加油！"的声音越来越大，一个穿着白色衣服的男子端起酒杯，朝王某走去，两个人不知说了什么，但是碰了两次杯。王某喝下了第六杯酒，身体就倒了下去，再也没有醒来。公安部门的鉴定意见是死于"急性酒精中毒"。（《中国青年报》，2017年9月13日）

悲剧该由谁负责呢？免单促销的酒吧？助威的同学？自己的脆弱？落后的习俗？

习俗也是一种文化，能够形成舆论力量和社会风气，影响人的思想行为。现在，不文明的习俗在人际交往中、在婚丧嫁娶活动中、在酒桌文化中，到处可见，已经成为一种社会公害。

另一个需要关注的不文明行为：迷信。网上搜索"星座"，可以搜到网页超过1亿。校园也非净土。据调查，中学生对"星座"的接受程度颇高，初中生约占78%，高中生约占62.5%。此外，命运预测、考试运预测等也有很高的点击率。调查显示，中学生相信成败得失与"运气"有关的约占40%左右。既然运气主宰一切，也就意味着人是无能为力的。

习近平总书记特别强调："青年是引风气之先的社会力量。一个民族的文明素养很大程度上体现在青年一代的道德水准和精神风貌上。"我们要按照总书记的教导，弘扬科学精神，普及科学知识，开展移风易俗、弘扬时代新风行动，抵制腐朽落后文化侵蚀。引导青年从提高文明素养做起，践行社会主义核心价值观。用青年人的话来说，就是"闪光的青春，从文明起步"。

五、锻炼勇于担当的意志品格

思想觉悟、道德水准、文明素养三者是相互促进的一个整体。系统安排，形成"协同效应"，必能培养担当民族复兴大任的时代新人。

使命呼唤担当，担当就是责任。人有多大担当才能干多大事业，尽多大责任才会有多大成就。思想教育工作要大力开展责任感教育，引导青年以"担当民族复兴大任"来指导和规划人生。

习近平总书记说："'知责任者，大丈夫之始也；行责任者，大丈夫之终也。'从党的十九大到二十大是'两个一百年'奋斗目标的历史交汇期，我们既要全面建成小康社会、实现第一个百年奋斗目标，又要乘势而上开启全面建设社会主义现代化国家新征程，向第二个百年奋斗目标进军。这就需要我们有更加强烈的担当精神，勇于涉险滩、破坚冰、攻堡垒、拔城池。"《推进党的建设新的伟大工程要一以贯之》

讲话中的引文出自梁启超的《呵旁观者文》。原文是："人生于天地之间，各有责任。知责任者，大丈夫之始也；行责任者，大丈夫之终也；自放弃其责任，则是自放弃其所以为人之具也。是故人也者，对于一家而有一家之责任，对于一国而有一国之责任，对于世界而有世界之责任。一家之人各各自放弃其责任，则家必落；一国之人各各自放弃其责任，则国必亡；全世界人人各各自放弃其责任，则世界必毁。"

知责于心，担责于身，方可成为正人君子。旁观者，就是放弃了自己责任的小人。梁启超说："天下最可厌、可憎、可鄙之人，莫过于旁观者。"

（一）人生责任 4+1

理解人生责任，先要从人与社会的关系说起。

人既有自然属性，又有社会属性；而后者是决定人的本质的。任何个人都不能脱离社会而孤立地存在和发展，正像人不可能生活在"真空"中一样。个人与社会之间有着不可分割的依存关系。每个人生存和成长的条件（包括物质方面和精神方面）都是社会提供的，是前人、他人劳动创造的成果。既然社会哺育我们成长，我们长大之后，履行自己的社会责任回报社会，就是义不容辞的。

责任关系是社会关系中最基本的关系，责任感教育重在引导人们正确地理解人生，在社会生活中正确地定向定位。

人有哪些社会责任呢？

人在社会中有不同的社会角色，也就相应具有不同的责任。作为家庭的一员就有家庭责任，作为单位的一员就有职业责任，作为共和国的公民就有公民责任，作为中华民族的一员就有民族责任——为实现中华民族伟大复兴而努力奋斗。在以上四大责任以外，共产党员、共青团员自愿加入先进组织，就意味着要自愿担起一项政治责任，做先锋战士，带头为实现社会主义现代化而奋斗。以上所说，概括起来就是人生责任4+1。

讲了如此多的责任，生活岂不是很累吗？

责任关系是客观存在的一种社会关系，并不是什么人强加给我们的。我们能有今天的生活，正是前人、他人履行责任的结果。家长履行责任，我们才能长大；老师履行责任，我们才能学好；工人农民履行责任，我们才能有饭吃有衣穿……还是那句话：每个人的成长都得益于社会。我们履行4+1的责任，其实也是回报。人人尽职尽责，人人有所奉献，社会才能良性循环，共同创造美好生活。

"尽责"是苦是乐？请看梁启超的名言："大抵天下事从苦中得来的乐才算真乐。人生须知道有负责任的苦处，才能知道有尽责任的乐处。这种苦乐循环，便是这有活力的人间一种趣味。"（《最苦与最乐》）

责任心的高端是事业心。人有事业心，就会有想干事的进取精神，能干事的钻研精神，干不成事不罢休的坚毅精神，从而能攻坚克难，创造辉煌。

中国自主研制核潜艇的事迹感人至深。

1959年秋，赫鲁晓夫访华。中国领导人希望苏联帮助中国发展核潜艇，但赫鲁晓夫认为，核潜艇技术复杂，中国搞不了。对此，毛泽东誓言："核潜艇，一万年也要搞出来！"

核潜艇总体研究设计所在葫芦岛成立，黄旭华和他的战友开始了"荒岛求索"的人生。当时，没有计算机计算核心数据，就用算盘和计算尺。为了控制核潜艇的总重量和稳定性，就用磅秤来称。黄旭华和同事们用最"土"的办法解决了尖端的技术问题，同时用创新的思维解决了关键问题。

70年代之始，中国第一艘攻击型核潜艇顺利下水。

80年代之初，中国第一艘弹道导弹核潜艇成功下水。

1988年核潜艇首次进行数百米深的深潜试验，是非常危险的试验。64岁的总设计师黄旭华做出惊人的决定：亲自随核潜艇下潜。"每一秒都惊心动魄"。黄旭华全神贯注地记录和测量着各种数据。

成功了！当核潜艇浮出水面时，现场的人群沸腾了。人们握手、拥抱、喜极而泣。黄旭华欣然题诗："花甲痴翁，志探龙宫。惊涛骇浪，乐在其中。"

2013年，黄旭华入选感动中国十大人物。音乐家阎肃在"推选理由"中写道："试问大海碧波，何谓以身许国？青丝化作白发，依旧铁马冰河。磊落平生无限爱，尽付无言高歌！"

（二）勇于奋斗

2018年，习近平总书记在全国教育大会上指出："要在培养奋斗精神上下功夫。教育引导学生树立高远志向，历练敢于担当、不懈奋斗的精神，具有勇于奋斗的精神状态、乐观向上的人生态度，做到刚健有为、自强不息。"

民族复兴的使命要靠奋斗实现，人生理想的风帆要靠奋斗扬起。"勇于奋斗"是一种精神状态和人生态度，也是一种意志品格——"刚健有为、自强不息"。

"天行健，君子以自强不息"出自《周易》。张岱年先生解释说："天行即日月星辰的运行。日月星辰运行不已，从不间断，称之曰健，亦曰刚健。人应效法天之运行不已，而自强不息。自强即是努力向上、积极进取。"这段话引自张岱年著《中国文化精神》。作者在书中提出，中国文化的要素主要有四点：①刚健有为；②和与中；③崇德利用；④天人协调。其中"天人协调"思想主要解决人与自然的关系；"崇德利用"思想主要解决人自身的关系，即精神生活与物质生活的关系；"和与中"的思想主要解决人与人的关系，包括民族关系，君臣、父子、夫妇、兄弟、朋友等人伦关系；而"刚健有为"思想则是处理各种关系的人生总原则。四者以"刚健有为"思想为纲，形成中国文化基本思想的体系。

刚健自强是中华民族的优秀传统。"刚"：有进取精神，不屈服于外力；"健"：有持久力。孔子曰："刚毅木讷近仁。"孟子在谈浩然之气时说："其为气也，至大至刚，以直养而无害，则塞于天地之间。"大意是说，浩然之气至为广大刚健，要积极地培养，使之充满世间。戚继光在《练兵实纪》中写道："坚志而勇为，谓之刚。刚，生人之德也。"

在全面建设社会主义现代化国家的新征程中，需要应对的风险和挑战、需要解决的矛盾和问题比以往更加错综复杂。我们更需扫除一切骄气、娇气、官气、暮气、邪气，把青春的奋斗热情激发出来，坚定斗争意志，增强斗争本领，以刚健自强的精神状态，应变局、育新机、开新局，依靠顽强斗争打开事业发展新天地。

培育刚健自强的意志品格，要正确地对待一时的成败得失。

2017年5月，习近平总书记在中国政治大学考察时讲："青年在成长和奋斗中，会收获成功和喜悦，也会面临困难和压力。要正确对待一时的成败得失，处优而不养尊，受挫而不短志，使顺境逆境都成为人生的财富而不是人生的包袱。"

人生有顺境，也会有逆境。它对人的影响是相对的，而不是绝对的。顺境可能助人成功，也可能使人懈怠，乃至忘乎所以；逆境可能阻碍人的发展，也可能使人经受磨炼，从而更加坚强成熟。它究竟是财富，还是包袱，取决于人的主观能动性。"处优而不养尊，受挫而不短志"，是对刚健自强的最深刻的诠释。

"挫折商"是个热门的词语。"挫折心理学"中讲，挫折具有两重性，对人既是打击，又是磨炼。挫折的强度与人的"耐挫能力"的强弱，是成反比的。例如，走路跌到了，小孩子的反应可能是哭泣，青年人的反应则可能只是一声叹息，爬起来继续前行。研究者在智商、情商之外，把耐挫能力称之为"挫折商"，启示人们要积极的对待挫折，不要抱怨，而要自强。锻炼提高"挫折商"才能成为强者。强者绝不会轻言放弃，而是善于总结经验教训，把失败变为成功之母。

培育刚健自强的意志品格，要到艰苦的地方去锻炼。要按照习近平总书记在中央党校（国家行政学院）中青年干部培训班开班式上所说的那样："做起而行之的行动者、不做坐而论道的清谈客，当攻坚克难的奋斗者、不当怕见风雨的泥菩萨，在摸爬滚打中增长才干，在层层历练中积累经验。"刀要在石上磨、人要在事上练、经风雨、见世面，是青年成长的必由之路。

"大山的女儿"黄文秀，从北京师范大学毕业后，返回家乡百色当了一名定向选调生，后主动要求去艰苦地区扶贫，她担任百色市乐业县百坭村第一书记，驻村两个月，就走遍了全村 195 户贫困户。

起初，村民对她不理解，有的不让她进家门。她就去两次、三次；贫困户不在家，她就去田里边帮他们干农活边聊天。她在驻村日记中写道，"每天都很辛苦，但心里很快乐"；"我的方言进步了，可以和贫困户用桂柳话交流了"；"时间过得真快，我以为自己无法坚持，但真的走到了今天"……日记中还手绘了"民情地图"，标注了每一户的家庭情况、致贫原因等。黄文秀给村里扶贫工作群取了一个响亮的名字："百坭村乡村振兴地表超强战队"。

超强战队，顽强拼搏，不到一年的时间，百坭村实现了 88 户 418 人脱贫，贫困发生率从 22.88% 下降到 2.71%。在驻村满一年的那天，黄文秀的汽车仪表盘里程数，正好增加了两万五千公里。她在朋友圈发了微信："我心中的长征，驻村一周年愉快。"

"只有扎根泥土，才能懂得人民。"黄文秀是这样说的，也是这样做的。

2019 年 6 月 17 日，黄文秀在返村途中遭遇山洪，献出了年仅 30 岁的宝贵生命。2019 年 7 月 1 日，中国共产党中央宣传部追授黄文秀"时代楷模"称号。

党对青年寄予厚望。实现社会主义现代化的伟大征程需要青年，也为青年开拓了建功立业的广阔天地。对照一下现代化战略与个人成长的时间表就能显示，现在的青年一代，义不容辞地要成为实现现代化的主力军。思想教育工作要紧跟时代，引导青年在习近平新时代中国特色社会主义思想的指引下，勇做时代的弄潮儿，在实现中国梦的生动实践中放飞青春梦想，在为人民利益的不懈奋斗中书写人生华章。在担当中历练，在尽责中成长。

（三）责任制是履行责任的保障

责任是道德的基点，也是管理的核心。随着改革的深入，责任制将日益完善，责任心和责任能力不强的人，很难被社会接纳；而且，发生严重过错就要被问责。责任制教育是引导青年成长成才、融入社会的必修课，对职责要有敬畏之心；公职人员更要懂得渎职就是犯罪。

现在人们都关心利益问题，这并不错。没有必要"谈利色变"。关键在于树立正确的利益观。把利益观念同责任观念统一起来，把利益创造同利益分配统一起来，并形成机制，充分调动广大劳动者的积极性。在现实生活中，利益与责任是相依存在的，利益是履行责任的结果和报偿。离开责任而追逐利益，可能是诸多祸事之源。

树立正确的利益观，就要坚持义利统一，树立"把国家和人民利益放在首位而又充分尊重公民个人合法利益的社会主义义利观。""义"并不是抽象的理念，而是指社会主义国家和人民的根本利益。有德之人并不是不讲个人利益，而是能够以义导利，以理导欲，见利思义，义然后取；危难时刻则能见义勇为，不怕牺牲，勇敢地同见利忘义、以利害义的丑行做斗争。这就是古人说的"利居众后，责在人先。"（韩愈《送穷文》）民族的振兴，社会的进步，都需要以有德之人为中坚、为骨干。

六、把思想政治教育寓于各学科教学之中

把立德树人的任务落到实处，要依靠全体教师、干部的共同努力。思想政治理论课教师和政工干部是思想政治工作的重要力量。可是，这项工作并不只是这些人的事，而是全体教师、干部的共同任务。教育基础理论中有一个观点：道德教育要落实在学科教学的基础之上，学科教学皆有道德教育的任务。这就是赫尔巴特提出的"教育性教学"的原则。教书与育人本来就是密不可分的。

2014年教师节，习近平总书记在同北京师范大学师生代表座谈时的讲话中说："一个优秀的老师，应该是'经师'和'人师'的统一，既要精于'授业''解惑'，更要以'传道'为责任和使命。"他还引用了一句古语："师也者，教之以事而喻诸德者也。"典故出自《礼记·文王世子》。大意是说，教师不仅要授学生谋事之才，更要传学生立世之德，两者密切关联，而

且有通过教之以事而使之得到道德上的启发的深意。

2016 年 12 月 7 日—8 日，全国高校思想政治工作会议在北京召开。习近平总书记在会上强调："要坚持把立德树人作为中心环节，把思想政治工作贯穿教育教学全过程，实现全程育人、全方位育人，努力开创我国高等教育事业发展新局面。"所有课堂都有育人功能。"各门课都要守好一段渠、种好责任田。要把做人做事的基本道理、把社会主义核心价值观的要求、把实现民族复兴的理想和责任融入各类课程教学之中，使各类课程与思想政治理论课同向同行，形成协同效应。"

为此要深刻理解"课程思政"的意义，探索在各科教学中渗透思想政治教育的途径，使智育同德育有机地结合起来。这样做，将有助于改变长期形成的"两张皮"的状况，进而使两者相得益彰。

"课程思政"要关注四个要点。

（一）明确教学的目的

习近平总书记说，"培养什么人、怎样培养人、为谁培养人"是教育的根本问题。党的教育方针对此做出全面准确地回答。明确了"为谁培养人"，即教育必须为社会主义现代化建设服务、为人民服务；明确了"怎样培养人"，即教育必须与生产劳动和社会实践相结合；明确了"培养什么人"，即培养德智体美劳全面发展的社会主义建设者和接班人。

在现实生活中，学生上学的目的是多种多样的。有的人为立志成才而学，有的人奉家长之命而学，有的人为就业谋生而学，有的人为应付考试而学，还有些人在盲目地学……学习目的不同则学习动力、学习态度会有很大的差别。所以，各科教学都要按照党的教育方针，引导学生端正学习目的，否则教学也难以顺利进行。网上屡有报道，大学生逃课的、上课时睡觉的、考前复印他人笔记临阵磨枪等，各种怪现象久治不愈。

为什么呢？王阳明说："已立志为君子，自当从事于学，凡学之不勤，必其志之尚未笃也。"（《教条示龙场诸生》）。问题的根本在于立志。方向明，志高远，学习才会有强大的动力。立志是个漫长的过程，所有的教师都是这个过程中的指导者。

全体教师都要学习和贯彻党的教育方针，明确专业与事业的关系，明确为何而教；并引导学生明确学业与事业的关系，明确为何而学。学习的目的端正，可以极大地激发学生学习的积极性。这就可能在师生的共同努力下，获得教育效果、教学效果的双丰收。

（二）渗透科学精神

科学教育包括：科学知识、科学方法、科学精神等内容，仅以传授知识为教学目的是不妥的。教师要善于引导学生在学习知识的过程中掌握方法，通过知识、方法的学习培育起科学精神。科学知识引导人们认识"这是什么"，科学方法引导人们懂得"怎样才能认识这是什么"，科学精神则能引导人们用正确的态度看待万事万物。

有学者认为，科学精神包括：求实精神、实证精神、探索精神、理性精神、创新精神、怀疑精神、独立精神、学理精神等。培育科学精神是科学教育的最高境界，也是树立科学世界观的重要途径。

附带说一下破除迷信的问题。现在中学生迷信的种类繁多：幸运物、幸运颜色、幸运数字、手机求签等。前几年，发生过一个悲剧，林某第三次参加高考后去福州游玩，网上算命得结果是"前途坎坷……"当晚服安眠药自杀，7天后高校录取通知书到家……

何谓迷信？哲人说，迷信就是傻子遇到了骗子。

如果我们自己不傻，骗子怎能得逞！寒窗苦读了十二年的学子，学了那么多科学知识，为什么没有科学精神呢？

（三）渗透人文精神

科学教育与人文教育结合是新世纪教育发展的大趋势，这种结合应是内在的。学科学就要通过对于科学事实的把握，认识科学活动和科技成果的人文价值，用科学的态度对待社会和人生。

学者在研究中提出要关注三个重点问题：这个学科领域的历史和传统是什么？它所涉及的社会和经济问题是什么？它要面对哪些伦理和道德问题？

科学世界与生活世界本是相通的，科学探究本身就是复杂的社会活动。科学适应社会发展的需要而发展，更是以推进社会进步为终极目的。

在教师的慧眼中，教育理应是求真、求善、求美的统一。据此改进教学更符合以人为本的思想。

（四）建设良好的教风

"师者，范也。"教师的人格魅力和学识魅力，乃至言行举止都能对学生产生很强的感染与引导作用。教风主导着学风，学风是由教风衍生出来的。事实证明，学生的品格作风多是在学习的过程中养成的，学生的身上或多或少地存留着教师的影子。从整体上说，学生质量同教学质量犹如一枚金币的两面。

树立好的教风需要积极推进教学方式的改革。满堂灌的教学方式，培养的是书呆子；探究性的教学方式，培养的是生龙活虎的优质人才。

并非所有的教育都能育人成才。陶行知说，活教育教人变活，死教育教人变死。应该说，自五四运动以来，中国教育在"教人变活"方面已经有了长足的进步，但是，教学改革仍有很大的空间。大面积的厌学现象表明，这方面的改革已经刻不容缓。

课堂教学是落实"立德树人"根本任务的重要环节。教学应有明确的价值取向，要注意开发学科本身的德育资源，明确育人目标，充实育人内容，创新育人方法。如果各科教学、教学的各环节，都能很好地科学地肩负起教育功能，学生就能在学习专业的同时，在树立正确人生观、世界观方面有所进步，不仅学会了知识，而且懂得怎样运用知识去服务人民、造福社会。把学业同事业结合起来，把爱科学同爱社会主义祖国结合起来，把宏图大志同自主学习结合起来，就能学习有动力，成才有方向，扎扎实实地走向崇高。

现在很多同志在奋力开拓思想政治工作新领域是必要的，但是切不可忘记育人的基本阵地在于教学。课外活动很重要，可是思想政治工作不能"业余化"。思想政治工作贴近生活才能有实效。在学校，一定要贴近学生的学习生活。要深入地调查研究"学情"，努力提高学习质量，把思想政治工作渗透到学习生活中去。

现在高校建设国内、国际一流大学的热情颇高。这时更要静下心来，探索一流大学的标准。其中，首要的是要有一流的思想政治工作。一流的思想政治工作当然要有高水平的理论研究成果，大部头的著作，更重要的是有教育与教学结合、课内与课外结合、学校与家庭结合、全员育人、全过程育人的实践活动。这种思想政治工作格局，是要靠全体教师、干部共同努力创建的。

七、建设高水平的政工干部队伍

政工干部队伍的素质如何，直接关系着工作质量。加强和改进学校思想政治工作，首先要加强队伍建设。

政工干部是不是专业人才呢？这是个长期争论不休的问题，认识不一致，政策也迟迟不能落实。其实，邓小平同志早就讲过："我们也需要大量的、合格的学校管理人员，这也是专业人员。比如学校党委的领导同志，应不应该是个专业人员呢？应该是。"（《邓小平文集》第2卷第263页）毫无疑问，我们应当像尊重其他专家一样，尊重党务专家、管理专家，尊重基层的班主任、辅导员，切实地把这支队伍建设好。切不可出乱子了才想起他们。像使用雨伞一样，下雨天就打开，晴天就收起来，那必将延误大事。百年大计，人才为本。从长远来说，建设一支信念坚定、业务精湛、专兼结合的德育工作队伍，特别是要努力培养和造就一批德育专家，逐步实现政工干部学者化，乃是加强和改进德育工作的基本建设。

从政工干部自身说，要坚持有为才能有位的观点，坚定地以思想政治教育为专业，以思想政治教育为事业，努力做到懂政治，会教育，具备社会主义政治家、教育家的两种才能和智慧，做学生的良师益友。不是权力的化身，而是思想上的权威。

研究政工干部成长的过程，有不少经验教训值得总结。在现实生活中，确有些人自己的政治立场坚定，但不善于施教于人，尽管工作辛辛苦苦，却收效甚微。还有一些人热心从教，甚至能够与学生打成一片，但缺乏政治的敏锐性和坚定性，仅根据学生的一时兴趣进行工作，结果是形式上热热闹闹，但学生受益不多。

政工干部要成为上面所说的"两家"，需要长期的努力。要具有政治学科、教育学科两方面的知识还不算太难，而要具有政治家、教育家两方面的才能和智慧就不易了。这里所说的"才能和智慧"，主要是指政治敏锐性和教育敏感性，指能够在复杂的环境中及时地觉察政治动向、思想动向，并能觉察到教育的时机和途径。简单地说，就是善于同时从政治上、教育上观察、分析、解决问题。

"善于"是指有这种觉悟和能力，甚至是有这种习惯。

要善于"吃透两头"。首先是吃透党的方针政策，认真地学深悟透；同时要吃透地方的民情，才能正确有效地开展工作。这是我年轻时听到老同志总结的经验，受益良多，终身不忘。

要善于以研究的态度对待工作。干部有机会出去进修当然是好的，但干部主要是在日常工作之中锻炼成长的。最有效的方式就是总结经验，把工作中的成绩、缺点、失误都记录下来，进行分析，把工作中的难题当研究课题，就有可能发现规律，进而有所创新。

要善于与青年双向交流，共同成长。热爱青年，理解青年，善于引导青年自我教育；并乐于接受青年的挑战。"两代人共同成长"是最新的教育理念。

修养这种智慧，就可能做到事半功倍了。知道事物是什么样的，说明你有观察力；知道事物应该是什么样的，说明你有辨别力；知道事物怎样才能变得更好，才说明你有智慧，有真正的才能。

思想政治工作与思想政治课程不尽相同。思想政治工作不可能完全课程化。所以政工干部最好既能教修养课，又会做日常思想工作，把课内与课外、理论与实践更好地结合起来，相互促进，同时使自己得到全面的锻炼。

思想政治工作是有规律的，可是没有固定的工作模式。它的生命力在于结合实际，不断创新。思想政治工作者自己有开创精神，才能培养学生成为时代所需要的创造型人才，成为献身社会主义现代化事业的改革者。毫无疑问，培养青年学生具有改革创新的意识和能力，是新时代思想政治工作的一项重要任务。

浅议创新型人才的成长

2021 年 5 月，习近平总书记在两院院士大会上说："培养创新型人才是国家、民族长远发展的大计。当今世界的竞争说到底是人才竞争、教育竞争。要更加重视人才自主培养，更加重视科学精神、创新能力、批判性思维的培养培育。要更加重视青年人才培养，努力造就一批具有世界影响力的顶尖科技人才，稳定支持一批创新团队，培养更多高素质技术技能人才、能工巧匠、大国工匠。"他特别强调："让更多的青少年心怀科学梦想、树立创新志向。"

学习、落实习近平总书记的重要讲话精神，是全社会的共同任务，教育战线更应以"培养创新型人才"指引教育教学改革。

什么是"新"？《说文解字》中的解释是"取木也"，意指砍掉树之旧枝，方可发出新芽。

什么是"创新"？从词义上说，提出新思想，建立新理论，想出新办法，做出新成绩，都是创新。

"天以新为运，人以新为生。"（谭嗣同）世间万物都以创新适应变化，以创新引领发展。创新是一个民族进步的灵魂，是一个国家兴旺发达的不竭动力。

创新与创造的意义相通。如果要仔细区分的话，也可以说创造具有开创性，是首创前所未有的事物，简单说就是"无中生有"；创新则具有新颖性，是把已有的向前推进，简单说就是"有中生新"。比较而言，创新的内涵更为宽泛。

创新、创造都具有多层次性。如同运动会的纪录，有世界级的、国家级的、省市级的、本单位的，等等，能破纪录者都是创新。学生的创新与科学家的创新，显然不是一个档次。

并非所有的新鲜事都是创新。创新的前提是有益性，有利于社会进步。例如，有人制造了新的病毒，使大批电脑瘫痪。这是创新吗？不是。某地修建"西门庆故里"搞旅游。这是创新吗？当然也不是。因为这些都不具备有益性，我们不能只讲新与旧，不问是与非、利与弊。对于科技创新，更需明确科技是发展的利器，也可能成为风险的源头。所以一定要大力弘扬科技向善的文化理念。

创新型人才的成长没有固定的模式，下面从两个方面进行研讨，一是想创新，探讨创新的动力问题；二是能创新，探讨创新的能力问题。

一、事业心和责任感是创新的动力

强大的创新动力，强烈的创新意识，是各行各业英模的共同特点。

中国科技创新的重要成就是"两弹一星"的研制成功。1999 年国家表彰了"两弹一星"元勋 23 位，其中有 19 位曾是长期留学外国的。有人问道："为什么要放弃优越的生活条件而毅然回国呢？"他们不约而同地回答说："回国不需要理由，不回国才需要理由。"他们隐姓埋名十多年，取得了巨大成就，但不为人知。当时的生活条件、工作条件都十分艰苦，只有一台手摇计算机，大量的计算是手工进行的，手稿装了几十麻袋。现在这些实物仍然存放在纪念馆中，默默地向人们诉说着什么是淡泊名利，什么是宏图大志。

话题回到 20 世纪中叶的 1958 年。邓稼先在接受研制原子弹历史重任的那天晚上，对妻子说："我的生命就献给未来的工作了，做成了这件事，我的一生都会过得很有意义，就算死了也值得。"谁也不曾想到，他一走便杳无音讯，长达 28 年。茫茫大漠荒滩中，他苦干惊天动地事，却甘做隐姓埋名人，为中国核武器事业耗尽毕生心血。

1986 年，邓稼先因病逝世。他的临终遗言是"不要让人家把我们落得太远……"张爱萍将军称邓稼先是"'两弹'元勋"，他在给邓稼先的挽诗中写道："君视名利如粪土，许身国威壮河山。"

谈奋斗创新就不能回避"牺牲"这个词。我们力求避免牺牲，但难以完全避免。各行各业都有不同的长津湖、上甘岭存在。

郭永怀在 20 世纪中叶，放弃了美国康乃尔大学教授的优厚待遇，毅然回国。担负了国防科学研究的业务领导工作，为发展导弹、核弹与卫星事业做出了重要贡献。

在青海高原，郭永怀和大家一起喝碱水、住帐篷，夜以继日地投身于核武器的研发中，为了不让自己睡过头，他的床铺从来不准铺褥子，而是直接睡在铁床上，硌得疼醒了，就起来继续工作。

1964 年金秋，中国第一颗原子弹试爆成功，就在大家的欢呼声中，郭永怀却因过度疲劳而晕倒在现场。此后，郭永怀便马不停蹄地进行氢弹、导弹的研制。他已是当时中国核炸弹走向武器化的掌舵人。

1968 年 12 月 5 日，郭永怀在完成中国第一颗热核弹头实验前的准备工作后，乘机返京时突遇事故，不幸牺牲。郭永怀在生命的最后一刻，与警卫员紧紧抱在一起，用身体保护了重要技术资料的完整，用生命践行了"随时准备为党和人民牺牲一切"的誓言。

22 天后，中国第一颗热核导弹试验获得成功，一年多以后，中国第一颗人造卫星发射成功。国庆 50 周年前夕，郭永怀被授予"两弹一星功勋奖章"，是该群体中唯一获得"烈士"称号的科学家。

著名科学家钱学森在《写在郭永怀文集的后面》中写道："郭永怀同志是一位优秀的应用力学家，他把力学理论和火热的改造客观世界的革命运动结合起来了。其实这也不只是应用力学的特点，也是一切技术科学所共有的，一方面是精深的理论，一方面是火样的斗争，是冷与热的结合，是理论与实践的结合，这里没有胆小鬼的藏身处，也没有私心重的活动地；这里需要的是真才实学和献身精神。"

创新的动力从何而来？瞻仰中国科学院力学研究所绿茵丛中的郭永怀雕像，学习烈士的伟绩，会得到启示的。

二、兴趣、好奇心是创新成功的引线

兴趣，是人探究某种事物或趋向某种活动的心理倾向，是形成动机的最活跃的因素。好奇心也是一种兴趣爱好，具有更强的探索意向。有学者说，好奇心"即要求理解、认识和发现的欲望，是人类本性中最大的驱策力之一"。

在中国 2003 年抗击"非典"的过程中，钟南山院士是立了大功的。曾有记者问他，您已经是很有成就的人了，为什么还要冒这么大的风险，把病人接到研究所来，您的动力是什么呢？钟院士并没有说什么豪言壮语，他只是说，这种病的原因是什么我不知道，我想探究这个未知数，这就是我的动力。这个回答寓意深刻。

人拥有的知识有如一个球体，已知的越多，球体则越大，与外面未知世界的接触越广。发现未知是激发创新欲望之机，也是进步之始。人类就是在不断探索未知的过程中前进的。探索未知是艰苦的，可是有识之士却乐此不疲。著名生理学家贝尔纳说："那些没有受过未知物折磨的人，不知道什么是发现的快乐。"

培养良好的兴趣要关注两个问题。

（一）兴趣的博与专

兴趣不是天生的，有无兴趣常常取决于生活体验。所以要拓宽生活领域，广泛地多方面地接触社会和自然，才能发现自己兴趣的生长点。反之，生活的领域狭小，内容单调，好奇心就可能被埋没。可以说，生活领域的宽窄与兴趣的多寡有正相关的关系。

从人成长的角度来说，知识、技能、情感、智慧都是可以迁移的，从其他方面获得了启发，也会有助于人所从事的主业。例如，许多科学家酷爱音乐、诗歌、下棋……这些业余爱好对他们的情感、思维有着积极的影响。欧洲文艺复兴时代的代表人物达·芬奇，是著名的画家。但是你可曾知道，他是学医的，而且是近代生理解剖学的始祖，并在物理、机械、军事、建筑等方面卓有建树。他被人们称之为"巨人中的巨人"，显然这与他的知识渊博，多才多艺，能够触类旁通有关。

当代社会，原有的学科界限已经日渐模糊，边缘学科、交叉学科蓬勃兴起，人的兴趣和视野也要及时扩展，因时而变。

当然，兴趣并不是越宽泛越好。主次不分，未必能有助于人的发展和成功。所以人要正确地认识自己、认识环境，正确地进行选择，集中精力发展中心兴趣。选择就要有取有舍，取舍得当就是聪明人了。

中心兴趣要以深厚的专业知识为根基。兴趣和知识的结构一样，应该是博中有专。有学者认为，在专深的目标下求广博，在广博的基础上谋专深，方能专而不死，博而不滥。从人才学的角度说，最理想的就是"T"字形人才。

（二）兴趣的层次性

兴趣具有浓重的情绪色彩，因而少有稳定性。特别是青少年，都经历过兴趣的波动转移。稳定兴趣需要理性的引导。

兴趣有多个层次。依据兴趣的理性内涵不同，或可把兴趣分为三个层次：有趣、乐趣、志趣。有趣只是情绪化的反应，能够吸引人的注意；乐趣已经具有理性的感悟，能够吸引人的参与；志趣是与人生的理想追求紧密联系着的，能够吸引人为之奋斗，乃至终生不悔。理性不断增强，能够统帅兴趣，促其升华，达到最高境界：志趣。志趣是兴趣与责任感的完美融合。

换个角度来说，有责无趣或者有趣无责都难以充分调动人的积极性，成就大事。最佳状态是通过学习与实践，把"应该做"和"乐意做"融合一致，有志趣，能乐业，才会有持久的创新的动力。

如果想深入探究这个问题，或可阅读梁启超的短文：《敬业与乐业》。文章说："我确信'敬业乐业'四个字，是人类生活的不二法门。"文章的最后一段写道："我生平受用的有两句话：一是'责任心'，二是'趣味'。……敬业即是责任心，乐业即是趣味。我深信人类合理的生活应该如此。"

三、创新思维是创新能力的核心

创新能力包括：思维能力、观察能力、想象能力、联想能力、操作能力、协作能力等方面，核心是思维能力。

思维能力是指人的大脑观察、分析、解决问题的能力。展开来说，包括理解力、分析力、综合力、比较力、概括力、抽象力、推理力、论证力、判断力等。健康的人都会思维，但不一定是思维能力强。这就如同健康的人都会说话，但不一定口才好一样。提高思维能力，需要多方面的培养和锻炼。

思维能力的强弱，可从四个方面测评：即敏捷性、多向性、深刻性、创新性。创新性思维位居思维能力的最高端。

何谓创新性思维？解释不尽相同。

不囿于原有的认识，善于独立思考、怀疑、提出问题、开拓认识新领域的思维活动。(《哲学大词典》)

在文艺创作、科学发现或技术等创造性活动中所特有的思维过程。(《心理学大辞典》)

在已有知识经验的基础上，从某些事实中寻求新关系、找出新答案的思维过程。(《简明学习科学全书》)

打破固有的思维模式，从新的角度，新的方式去思考，得出不一样的并且具有创造性结论的思维模式。(《百度百科》)

有创见的思维，它不仅能创新性地揭示客观事物的本质和规律，而且能在此基础上产生新颖的、前所未有的思维成果，并给人们带来具有社会价值的产物。(《中学百科全书》)

《思维词典》的解释是："目前，人们对创造性思维的研究还比较肤浅，考察的视角也不尽相同，故各家对其含义的表述还比较纷乱。一般认为（它是）人类在认识和改造客观世界的活动中有创新意义的思维。"

"创造性思维有别于一般思维的主要特点是，思维形式的反常性，思维过程的辩证性，思维空间的开放性，思维成果的独创性及思维主体的能动性。"

定义创造性思维是很难的，描述它的特征可能更为实用。

怎么培育创新性思维能力，并无标准答案，以下六点可供研究参考。

(一) 以情育思

人的情绪、情感、情趣虽然不直接参与认知过程，但是对认知过程具有重要的调节作用。

情绪影响思绪。思维总是在一定的情感氛围中运行的。人在恐惧焦虑时就会思绪混乱，语无伦次；人在愉快时则能思维敏捷，文思如涌。这表明情是思维的催化剂。所以，培育积极向上的情感，营造积极宽松的氛围环境，有助于掀起"头脑风暴"，激活思维，打开思路。这就好像是，修好公路，汽车才能快速行驶。这也启示我们，教育学生要善于激励鼓舞，切莫恐吓施压。请记住，"压力是学习的障碍"，因为它会扰乱思绪。

情绪引导思绪。情与思的表现形式不同，可是关注点是同一的。情有所钟，思维就会高度集中，认真观察，反复琢磨，进而能够有所发现。而且，动情之事必能记忆深刻，长久不忘。专注力是思维能力的核心要素，专注需要意志的支撑，而意志则是坚定信念与强烈情感之结晶。培育积极的情感、兴趣、好奇心，比简单地布置任务、压指标，更能调动人的积极性。

情绪调整思绪。思维常会遇到阻碍、挫折，越是重大的创新，可能遇到的困难越多。如何进行调整呢？首要的是稳定情绪，以积极的心态看待挫折，有助于总结经验，调整思路。情绪健康就能冷静思考；情绪败坏则会使思绪混乱。

思维能力是智力因素与非智力因素共同熔铸而成的。创新者需要掌握创新技法，更要培育良好的情感意志，掌握自我调节的能力。培育情感需要理性思维的引导。情理交融，情思互动，相得益彰。

各条战线上都有发明创造的英模，他们共同的特点就是"乐业"。何谓"乐业"？词典中的解释是："愉快地从事本业。"乐业者勤于思索，乐于探究，敢于超越，所以点子多多。

（二）以疑启思

思维活动的起始点在哪儿？在于问题的提出。古人说："学贵有疑"，"君子之学必好问。"启示我们，要以"质疑"启动思维，以"问号"打开科学之门。有志于创新，就要善于发现问题，敢于提出问题，乐于讨论问题，以此激发思维的活力，磨炼思维的能力。"打破砂锅问到底"，是充满智慧的一句名言。

切莫把问题视为麻烦、负担。对于"批判"和"质疑"等词语，有些人比较忌讳。其实，这并不是离经叛道、否定一切。有学者把质疑分为理解性质疑、批判性质疑、发展性质疑几类，说明正确的质疑是有建设性的。学会质疑才能使思维深入，并可能有所突破、有所发现。

陶行知指出："发明千千万，起点是一问。禽兽不如人，过在不会问。"（《手脑相长歌》）

如何提问呢？陶行知说："我有八位好朋友，肯把万事指导我。你若想问真名姓，名字不同都姓何：何事、何故、何人、何时、何地、何去、何如，好像弟弟与哥哥。还有一个西洋派，姓名颠倒叫几何。若向八贤常请教，虽是笨人不会错。"（《八位顾问》）

笔者尝试概括了"提问六法"：寻因果、找差别、求变化、重组合、多讨论、勤动手。寻因果属于纵向思维，找差别属于横向思维，求变化、重组合属于发展性思维，讨论和动手可以验证思维，使思维更加严谨缜密。

总之，遇事多问几个为什么，可以使思维活跃；而且可能有所发现。《真理诞生于一百个问号之后》（叶永烈）已被收入小学语文课本，文中有许多生动的事例，你看过吗？

（三）多向拓思

创新、创造是多种思维方式综合作用的结果，但最重要的是发散性思维（多路思维）。因为事物具有多种属性，发展的可能性也是多样的。人要能够前思后想、左思右想，才可能对事物有正确的认识。诗人妙笔生花，用"横看成岭侧成峰，远近高低各不同"，启示人们要多角度的观察，方可识得庐山真面目。

何谓"发散性思维"？美国创造学家吉尔福特的解释是："从所给定的信息中产生信息，从同一来源产生各式各样为数众多的输出。"

进行发散性思维训练，有一个经典的题目："红砖有多少种用途？"有人不假思索地回答说，可以垒墙、铺路、修灶台、做台阶……这是发散性思维吗？不是的。因为这些都是用于建材，思路并未打开。经过一番鼓励，人们多思多想，纷纷提出红砖可以：象征足球大门、当枕头、打狼、砸核桃、镇压苫布、做砖雕、在地上画道，做多米诺骨牌游戏……利用它的形状、硬度、重量、颜色可以做很多事情，这就是发散性思维了。

这有什么用呢？再举一个实例。美国有一座历史悠久的自由女神铜像翻新之后，留下很大一堆垃圾废料难以处理，深埋、运走都需要花费大量的人力物力。正在大家一筹莫展之时，一位名叫斯塔克的人挺身而出把事情承包下来。他运用发散思维，把废铜皮做成纪念币，用废铝做成纪念尺，将水泥块做成小石碑……多种多样的纪念品，终于变废为宝。看来，"思路就是财路"的说法是有道理的。

在不相干的事物之间发现联系，是训练发散性思维的重要方法。比如，森林与打球有什么联系？简单回答，森林里无法打球。打开思路就可发现，森林盛产木材，可以制作篮板、球拍，可供打球使用。又如，粉笔与原子弹有什么联系？思维僵化、单一，就难以回答。打开思路则可发现，老师上课用粉笔，画出原子分裂的示意图，讲解原子弹爆炸的原理……

培养思维的发散性，重在放飞想象力。有人说，想象和理性是科学研究的两大支柱。有人说，想象力是智慧的摇篮。人能超越时空吗？不能。但是人的想象力是能够超越时空的。爱因斯坦说："想象力比知识更重要，因为知识是有限的，而想象概括着世界上的一切，推动着进步，而且是知识进化的源泉，严格地说，想象力是科学研究中的实在因素。"（《论科学》）

我们有丰富的想象力吗？有人做过一个小测验：在黑板上画了一个圆，问大家：这是什么？先问行政人员，有的人为难地说，不了解问题的背景和上级精神，无法作答。再问高中学生，他们不屑一顾地回答，不就是个圆圈吗！再问小学生，孩子们兴高采烈地说，这是气球、月亮、呼啦圈、帽子、老师生气时的眼睛……这个测验的题目是："我们的想象力是如何丢失的？"

丢失了想象力是不是很危险呢？思想僵化，墨守成规，安于现状，工作一般化等弊端，可能都与此有关。要想打开局面，先要打开思路，激发想象力，聪明的成年人都能保持童心不变——童年走了，童心童趣仍在。

培养思维的发散性，意在开拓思路，进行优选。法国数学家彭加勒说："所谓发明，实际上就是鉴别，简单说来，就是选择。"有的研究者说，发散性思维是创造的前提；也有人说，它是创造性思维的关键；更有人列出公式：发散性思维+知识=创造。

借用我国的一句成语"多谋善断"来进行小结吧。"多谋"与"善断"之间有因果关系吗？留给大家思考。

（四）精炼深思

2018年教师节，习近平总书记在全国教育大会上的讲话中告诫我们："要教育引导学生珍惜学习时光，心无旁骛求知问学，既要重视知识的宽度，也要重视学习的深度，在学习中增长见识，丰富学识，通晓天下道理，掌握事物发展规律，做到敏于求知、勤于学习、敢于创新、勇于实践，沿着求真理、悟道理、明事理的方向前进。"

"重视学习的深度"意在透过现象认识事物的本质，从变化发展中认识事物的规律。规律，指事物之间内在的必然联系，决定着事物发展的必然趋向。深入思考，获得规律性的认识，才可能有所创新。

"重视学习的深度"对应的是浮光掠影，浅尝辄止，盲目从众，"跟着感觉走"。朱熹说，读书治学要细心理会，"去尽皮，方见肉。去尽肉，方见骨。去尽骨，方见髓"。（《朱子读书法》）这个层层深入的比喻，启示我们要下苦功夫，告别浅薄，求得真知。

"重视学习的深度"要提升高阶思维能力。基本功是分析、辨别、归纳、演绎。毛泽东同志在《实践论》中讲的"去粗取精、去伪存真、由此及彼、由表及里"，也是深思之法。

（五）交流促思

中国春秋战国时期思想活跃，学术繁荣，得益于"百家争鸣"。

"百家争鸣"促进思考，而且催生"名学"（论理学、逻辑学）。梁启超说，墨子是"全世界论理学一大始祖"。王国维认为，"名学"之发达，不在墨子，而在儒家之荀子，《正名》是"名学"上空前绝后之作。我们暂且不论谁是"名学"之始祖，确定无疑的是，辩论促进了学术之繁荣，也促进了对思维科学的研究。

墨子主张教育要培养"贤士"，由于"贤士"的主要品德是"兼爱"，故亦称"兼士"。培养的具体要求包括："厚乎德行，辩乎言谈，博乎道术。"（《墨子·尚贤上》）即道德、思维论辩、知识技能三个方面。把思维论辩列为人才观的重要内容，当始于墨子。墨子对后世的影响是多方面的。

提高思维能力，不宜坐在书斋里冥思苦想，或者抱着教科书死记硬背，需要的是到实践中去，对疑难问题进行探究，对不同意见进行辨析。碰撞可能产生新的火花；不同学科的交流可能实现知识的重新组合。所以，教育改革要大力倡导讨论式教学，积极开展学术研究活动，引导学习者走上前台，在"实战"中经受磨炼，在论辩中增长智慧。这也是防治"书呆子"和思维僵化的良策。

1980 年 5 月，华罗庚老师到他的母校讲演，提出"弄斧必到班门"的名言在学界产生了广泛影响。他说："中国成语说：不要班门弄斧。我的看法是：弄斧必到班门。对不是这一行的人，炫耀自己的长处，于己于人都无好处。只有找上班门弄斧（献技），如果鲁班能够指点指点，那么我们进步能够快些。如果鲁班点头称许，那对我们攀登高峰，亦可增加信心。"

学友们，我们有"弄斧必到班门"的勇气吗？

（六）实践验思

异想天开就是创新吗？不是的。创新是否成功，不能由自己说了算，必须经过实践检验。马克思说："人应该在实践中证明自己思维的真理性。"（《关于费尔巴哈的提纲》）有志于创新者要养成动手做实验的习惯、深入实际的习惯。力求用事实说话，以数据论理。实践的过程很可能是曲折的，不论是成功还是失败，都能使我们获得启示，创新者善于总结实践经验，才能求得真知。请记住微生物学的奠基人巴斯德的名言："发明是实验的女儿。"

解放思想与实事求是是一致的。习近平总书记在庆祝海南省办经济特区 30 周年大会上指出："解放思想不是脱离国情的异想天开，也不是闭门造车的主观想象，更不是毫无章法的莽撞蛮干。解放思想的目的在于更好实事求是。"

思想无禁区，成功有规律。任何奇思妙想，只有经过实践检验才能判定它是不是真的创新。

创新思维没有固定的模式。重要的是灵活多变。辩证法告诉我们，一切都在发展变化之中，聪明人要识变、应变、因时而变。

激活思维可以试用"奥斯本检核表法"，对任何事物都要问一问：

能否他用？现有的东西有无其他用途？保持原状不变能否扩大用途？稍

加改变，有无别的用途？

能否借用？能否借用别处的经验或发明？有无类似的东西可供模仿？谁的东西可供模仿？现有的发明能否引入其他的创造性设想之中？

能否改变？可否改变一下形状、颜色、音响、味道？是否可改变一下意义、型号、模具、运动形式？……改变之后效果又将如何？

能否扩大？现有的东西能否扩大使用范围？能否添加部件，拉长时间，增加长度，提高强度，延长使用寿命，提高价值，加快转速？

能否缩小？能否缩小体积，减轻重量，降低高度，压缩、变薄？……能否省略，能否进一步细分？……

能否代替？可否由别的东西代替，由别人代替？用别的材料、零件代替，用别的方法、工艺代替，用别的能源代替？可否选取其他地点？

能否调换？能否更换先后顺序？可否调换元件、部件？是否可用其他型号，可否改变安排方式？原因与结果能否对换位置？能否变换日程？……更换一下，会怎么样？

能否颠倒？倒过来会怎么样？上下、左右、前后、里外、正反可否对换位置？可否用否定代替肯定？……

能否组合？组合起来怎么样？能否装配成一个系统？能否把目的进行组合？能否将各种想法、各种部件进行组合？

总之，思想切莫僵化，遇事要多角度的思考，常想能不能加一加，减一减，扩一扩，缩一缩，变一变，改一改，联一联，代一代，搬一搬，反一反。这样可能有所发现，可能使人更加聪明。

都来试试吧，突破陈规就能看见曙光。

四、良好的作风是创新成功的条件

创建良好的工作作风，将伴随创新的全过程。涉及工作态度、工作方法等方面。这里只谈两个要点。

（一）敢试敢闯

邓小平同志在视察南方的重要谈话中说："看准了的，就大胆地试，大胆地闯，没有一点冒险的精神，没有一股气呀，劲呀，就走不出一条好路，就走不出一条新路，就干不出新的事业。"（《邓小平文选》，第3卷，第372页）

"大胆地试，大胆地闯"既是一种积极的态度，又是一种科学的精神。"大胆地闯"，要求我们不惧风险，勇于探索；"大胆地试"，要求我们要善于在试点中总结经验，探索规律。这对于各领域的创新都具有指导意义。

成语"坚忍不拔"出自苏轼的《晁错论》。原文说："古之立大事者，不惟有超世之才，亦必有坚忍不拔之志。""坚忍不拔"意指在艰难困苦的情况下，意志坚定，毫不动摇。毅力与才能是相辅相成的，两者不可或缺。如果只有向前冲的三板斧，而无坚持的毅力，肯定难成大事。

在创新的历史上，少有一帆风顺的事例，获得成功者大都是屡受挫折而能坚忍不拔、持续奋斗的强者。

为了研究抗疟药，屠呦呦领导的课题组从系统收集整理历代医籍、本草、民间方药入手，在收集 2 000 余方药的基础上，编写了 640 种药物为主的《抗疟单验方集》，对其中的 200 多种中药开展实验研究，历经 380 多次失败，利用现代医学和方法进行分析研究，不断改进提取方法，终于在 1971 年获得青蒿抗疟发掘成功。1992 年又发明出双氢青蒿素（抗疟疗效为前者 10 倍的"升级版"），2015 年获诺贝尔生理学或医学奖。

"自己一辈子想的，就是老老实实把科研做好，把课题做好，希望把青蒿素的研究做得更深入，开发出更多药物来，造福更多人，这也是我自己的兴趣所在。"2019 年被授予"共和国勋章"后，屠呦呦这样说。

爱迪生一生获得 1 300 多项发明专利。每次成功都是来之不易的。为了试制一种新的蓄电池，他失败过 8 000 次。为了寻找电灯的灯丝，他试验了 1 600 多种耐热材料和 6 000 多种植物纤维。他在试验白炽灯泡失败了 1 200 次之时，有位商人讽刺他是毫无成就的人。爱迪生笑着说道："我已经取得了很大的成就，因为我证明了 1 200 种材料不适合做灯丝。"请你分析，发明家是怎么能战胜这么多次失败的呢？

有人问牛顿，你成功的经验是什么。牛顿回答说："如果你问一个善于溜冰的人怎样获得成功时，他会告诉你，'跌倒了，爬起来'，这就是成功。"

毅力指坚强、持久的意志，是实现理想的桥梁，是攀登高峰的阶梯。

你还记得吗，中国女排最爱唱的歌曲（队歌）：《阳光总在风雨后》。

（二）求真与合作

创新精神与科学精神是统一的。科学精神的核心就是实事求是。创新成果要经得住历史考验，必须具有扎实严谨、一丝不苟的作风。

《本草纲目》的作者李时珍，为弄清每味药物，多次外出考察，亲自采集观察以求其真，足迹遍及许多名山大川，并拜渔樵农工为师。他阅览历代医药书籍九百余种，书录札记逾千万字。历时二十七载，三易其稿，才完成了这部药学经典。李时珍被人尊为"药圣"。

新中国航天事业的发展，一直遵循周总理定下的十六字方针："严肃认真、周到细致、稳妥可靠、万无一失。"顽强拼搏，冲破封锁，自主创新，攻克难关，终于在太空奏响中华神曲。钱学森在回忆周总理对"两弹"工作的关怀时指出，"两弹"的成功，一靠"执行任务的都是穿军装的，讲组织纪律"；二靠"中国科技人员总是拼命干、夜以继日地干"。他强调，中国人是很严肃、很严密、很认真的，"两弹"试验的事故最少，伤亡也最小，都是在总理"稳妥可靠、万无一失"等指示的严格要求下取得的。

创新要善于合作。汉代学者徐干在《中论·治学》中说："独思则滞而不通，独为则困而不就。"大意是说，独自苦苦思索，思路常会滞涩不通；单独去做事，常会被困阻而不能成功。人在学业、事业中都需要朋友和集体之间的切磋琢磨、互助合作。"积力之所举，则无不胜也；众智之所为，则无不成也"，出自西汉《淮南子》中的《主术训》。以"积力"和"众智"号召齐心协力，众志成城的思想影响深远。中华民族优秀的文化传统是创新人才成长的沃土。

中国科学家于敏为研制氢弹做出了突出贡献。当人们称呼他是"氢弹之父"时，他坦诚地说道，这种称呼不科学。"核武器的研制是集科学、技术、工程于一体的大科学系统，需要多种学科、多方面的力量才能取得现在的成绩，我只是起到了一定的作用，氢弹又不能有好几个'父亲。'"大科学家的博大胸怀，揭示了我国攻坚克难成功的秘密。

现代社会越发展，分工越精细，合作的必要性越突出。如今团队精神，共享文化已成为时代的潮流。以前人们常说，知识就是力量；现代人则补充说，知识只有共享才能成为力量。我们要充分发挥每个人的积极性，但是必须明确，个人单打独斗的时代已经过去了。

创新要力戒浮夸，切不可幻想一举成名，一鸣惊人，甚至为了私利而明争暗斗。

历史的经验表明，造物先造人；创新意味着突破陈旧事物，同时需要突破陈旧的思想作风。好思想、好作风是创新型人才成长之根本。这里容不得半点虚夸！

五、克服不利于创新的保守思想

由于种种原因，社会上也有些人的创新意识不强。先讲一个实例。

有一本畅销书，主要观点是："我平庸，我快乐"；"追求为痛苦之源，平庸为快乐之本。"我对此比较反感。于是就询问过很多人，问他们的看法如何？反馈的结果是，反对的人不多，表示支持、理解的人却不少。主要的意见大致有以下几点：

有人说，应倡导节欲。没有太多的欲求，就不会有太多的失望。放下是福。

有人说，做平凡的人有什么不好？世上绝大多数人都是平凡的人。

还有人说，成功者有成功的快乐，平庸者有平庸的快乐。人各有乐。

还有人引用古语说："事能知足心常泰，人到无求品自高"……

分析这些意见，似乎发现了一张无形的大网，把许多人的聪明才智束缚住了。要撕开这张大网并非易事，这里有几个基本观念需要明确：

其一，从人生的角度说，"平凡"与"平庸"是有区别的。"平凡"通常指的是岗位，没有高低贵贱之分，只要勤奋努力，在平凡的岗位上也可以做出不平凡的业绩。"平庸"通常指的是态度，精神萎靡，碌碌无为，如果以此为乐，岂不虚度年华！

其二，"事能知足心常泰""知足常乐"之类的名言很多，如果用于反对贪得无厌是有益的，但不宜把它绝对化，任何观念被泛化都可能是危险的。我国著名医学家、现代普通外科的主要开拓者裘法祖院士分析得非常明确："做人要知足，做事要知不足，做学问要不知足。"人生苦短，有所追求，有所作为，方能不负此生啊！

其三，"放下是福"一语出自佛学，原意是指放下"非己之物"，或者说是放下邪恶之念。不宜把"放下"绝对化。人生途中该放下的要放下，该举起的要举起，才能健康生活，奋发向上。面对私欲横流的社会现象，"放下"之说一路走红，是可以理解的。但是一定要说明"放下"的内涵，如果笼统的只谈放下，不谈举起，甚至万念俱灰，"福"从何来！确切地说，放下邪恶之念的目的是排除干扰，一心向善，修身立德，有所作为。

追求什么样的"乐"，追求什么样的"福"，每个人都应认真辨析，慎重选择。

社会是复杂的，有关人生观、价值观的各种思潮涌动，一波未平一波又起。近几年"躺平"一词不胫而走，喧闹一时。有些干部的思想迷茫，苟且偷安，遇到矛盾绕道走，能躲则躲、能推则推，不愿担当、不敢担当、不会担当，"为了不出事，宁可不干事"，把"不求有功，但求无过"奉为准则……

怎么办？再讲一个故事。

纪晓岚在《阅微草堂笔记》中记载：北村有位叫郑苏仙的人，有一天梦见自己来到冥王府，看见阎王正在登记去世之人。有一位官员身穿官服高昂着头走来，说自己"上任以来不曾贪财，最多只是喝一杯水，问心无愧于鬼神。"

阎王讥笑说道："官员是治国安民的，应按理法来权衡功过利弊，如果说不贪财即是好官，那不如把木头人置于公堂之上，它连水都不喝一口，岂不是更胜于你！"

官员辩解说："我虽然没有功劳，但是也没有罪过啊。"

阎王又说："你一生处处想着保全自己，某些案件有疑点，你避嫌而不肯说，不是有负于百姓吗？某些事你怕麻烦就不上报朝廷，不是有负于国家吗？三年考察一次政绩为了什么？无功就是罪过啊！"那位官员听罢大惊失色，傲气全消。

故事严厉地抨击了庸官懒政，强调无功就是罪过，有振聋发聩的威力。

政绩观折射的是人生观、价值观。"不求有功，但求无过"就是消极的腐败。

履职尽责，改革创新是有风险的。可是，无所作为就没有风险了吗？当今世界风云激荡，竞争激烈。任何国家、任何事业都是不进则退的。在激流中，人将在何处"躺平"？"太平官"将如何能够太平？

综上所述，培养创新型人才的过程，是树立积极进取的人生观，破除消极保守的人生观的过程。在事业上除旧更新，先要在精神上除旧更新，做能够担当民族复兴大任的时代新人。"新人"就要有新的思想、新的精神面貌，摆脱陈腐意识的束缚。实现社会主义现代化必然要与人的现代化同步推进。

2018年，习近平总书记在春节团拜会上说："新时代是奋斗者的时代""奋斗本身就是一种幸福。只有奋斗的人生才称得上幸福的人生。"在2022年春节团拜会上他又说："世界上最大的幸福莫过于为人民幸福而奋斗。"这就是共产党人的幸福观，蕴含着我们党的性质宗旨、初心使命，始终如一的价值追求。

对于干部理应有更高的要求，2019年，习近平总书记在春季学期中央党校中青年干部培训班开班上说："是否具有担当精神，是否能够忠诚履责、尽心尽责，是检验每一名党员干部身上是否真正体现了共产党人先进性和纯洁性的重要方面。"这方面是有严格的考核制度的，丧失事业心责任感之人，终将要被淘汰。

六、释放创新潜能

人人都有创新的潜能。潜能能否得到发挥、发展，能否在实践中有所成就，既取决于教育、管理等因素，更取决于自己的努力。人生之路毕竟是由自己走出来的。人要能自知、自胜、自我调节，消除不利于创新的各种障碍，才能释放创新潜能。

（一）不要有恐惧心理

有的人，一提到创新就连连摆手，心里"怕"字当头，怕失败、怕与众不同、怕担风险等。破除此种迷雾，既要强化事业心，还要增强自信心。主观世界的自卑，会把客观世界的困难扩大百倍。释放创新潜能先要解开自设的枷锁。

有一个不怕鬼的故事，或能给我们一些启示。清代文人袁枚写过一则"陈鹏年吹气退鬼"的故事。夜晚，陈鹏年独坐庭前，忽然来了一个女鬼，耸立张口吹陈，冷气如冰，毛发悚然。此时陈鹏年忽生一念："鬼尚有气，我独无气乎?"于是壮胆鼓气，向女鬼吹去。顷刻间，女鬼"如轻烟散尽，不复见矣"。

印度的泰戈尔讲过一个寓言故事："可能"问"不可能"："你住在什么地方呢?"对方答道："在那无能为力者的梦境里。"

邓小平倡导敢试、敢闯的作风。他说："要克服一个怕字，要有勇气，什么事情总要有人试第一个，才能开拓新路。"（《邓小平文选》，第 3 卷，第367 页）

总之，成事要有自信心，要"敢"字当头，敢试敢闯，敢为天下先。

（二）不要迷信天才与灵感

很多人误认为，创新是天才的事，我们凡夫俗子哪能创新……

何谓"天才"？目前尚无确切的定义。如果是指人的天赋、资质，应该承认它是存在的，而且各有差异。但天赋仅是个火花，遇到适当的条件可能燃烧成熊熊烈火，否则亦有熄灭之可能。所以，要承认先天禀赋的作用，更要强调后天的努力是起决定作用的。世上根本不存在"生而知之"、不学而能的人。很多科学家都说过：天才就是勤奋。

鲁迅先生说过："哪里有天才，我是把别人喝咖啡的工夫都用在工作上的。"

美国芝加哥大学的一个研究小组，研究了美国最有成就的钢琴家、游泳选手、雕塑家、数学家、精神病学家等 120 人的成功之道。研究报告说："我们本来预料会发现伟大的天才的故事，但是我们根本没有发现天生的伟大天才。这些人的母亲通常说，其他孩子的天分倒比这些人高。"研究人员听到了许多关于艰苦努力和献身精神的叙述。报告强调了父母所起的重要作用，但"父母特别强调成就、成功者任何时候都应尽最大努力"。教授们得出了这样的结论：天才必须经过多年精心培养。

创新并不神秘，大千世界的万事万物都有过第一次，那就是创新。卫星上天是创新，把垃圾变废为宝也是创新，抗疫期间使用的"健康宝"是最近的创新……创新者有的成了名人，更多的是无名英雄。

"灵感"的原意是接受了神赐的灵气，又称之为"神启"——神仙给予的启示，只有道行很高之人方可感受到。这样说来，的确带有浓重的神秘感。后来这个词被其他领域移植借用，在心理学上解释为"顿悟"，即忽然发生的领悟、醒悟。顿悟的产生有偶然性，可是偶然之中有必然。人经过长时间的紧张思考，大脑中形成了兴奋灶（优势灶），人停止工作以后，脑中的兴奋灶还在兴奋，并可能突然产生一些新的亮点。所以说，顿悟是有根有源的，有着很长的孕育期。正如清代文人袁枚在谈文章写作时所说的："得之在俄顷，积之在平时。"

顿悟有稍纵即逝的特点，所以要珍惜它（发生时最好立即记录下来），但不必迷信它。

思考必须以知识为材料，有哪方面的知识才可能产生哪方面的顿悟。传说，牛顿看到苹果落地就发现了万有引力，这个故事大概是虚构的。因为在牛顿发现万有引力之前，物理界已有相关的研究成果了，包括开普勒的行星运动三规律，已经接近万有引力。牛顿是在前人的基础上继续发展，创造了新的学说。就算牛顿确实是因为苹果落地引起了思考，他建立新的学说还是要以丰厚的科学知识为基础的。一个馋鬼看见苹果落地，可能就把它吃了，怎么可能想到引力问题呢！

灵感源自持续深入的思考，而且只能发生在人熟悉的知识领域。

（三）不要扼杀孩子的好奇心

孩子是带着一大堆疑问与向往走进生活的，每个人都有创造性的萌芽。萌芽并不等于创造力，但它是一种潜质，如能受到支持、鼓励，就能够成长壮大；如果受到压制、打击，也可能夭折；好比是火种，可能燃烧成熊熊大火，也可能灰飞烟灭。

孩子有以下特点是需要关注和爱护的：

（1）喜欢接触、了解新鲜事物；

（2）好提问、追问、刨根问底；

（3）能够集中注意力，仔细地观察事物，甚至在做事时听不见别人说话；

（4）有联想力，把事物联系起来，喜欢用比喻；

（5）喜欢动手，做错了不灰心。

能够蹲下身来看孩子，就会发现这些萌芽是非常可爱的，其中，动手更为重要。多动手能使人的智慧倍增，是调动多种感官认识和创造新事物的过程，多动手的作用是读书无法替代的。

常见的扼杀创造性的"三板斧"：不许动、不许辩、不许错。不论这样做的动机如何，结果都是把孩子困在牢笼之中难以健康成长。教师应该怎么做呢？重要的是将激发青少年好奇心、想象力，增强科学兴趣和创新意识作为素质教育的重要内容，贯穿于教育全过程。首先教师自己要保持童心，富有创新的激情。此时我又想起了陶行知。1943 年，他撰写了育才学校校歌，这是一首长诗，也是一篇教育宣言。其中写道：

我们要修炼智慧之眼。

磨出金刚之喙，

展开大无畏之翼，

涵养一心向真之赤心。

观！静观大千世界；

啄！啄开未知之门；

飞！飞入神秘之宇宙；

找！找出真理之夜明珠，

衔回人间，

饰在每一个人的额前……

我确信，教师有情怀，教育有温度，就能涵养智慧，感染学生，助他们探索真理，飞向远方。

七、创新型人才的特征

一再有人问，到底创新型人才具有哪些特征？这里很难有标准答案。网上搜索，可以看到几十种说法。读者自会评判。下面介绍几种有代表性的观点，供研究参考，请不要把它当作固定的模式。

美国创造学家吉尔福特曾经概括创造性人才的个性特征，共有八条：

（1）高度的自觉性和独立性，不肯雷同；

（2）有旺盛的求知欲；

（3）对事物有强烈的好奇心；

（4）知识面广，善于观察；

（5）工作中讲求理性、准确性与严格性；

（6）有丰富的想象力，敏锐的直觉，喜好抽象思维，对智力活动与游戏有广泛兴趣；

（7）富有幽默感，表现出卓越的文艺天赋；

（8）意志品质出众，能排除外界干扰，长时间专注于某个感兴趣的问题之中。

"百度百科"关于创造性人才的人格特征的注释是：

第一，坚定的创造动机。创造活动开始于新动机，创新动机越强烈，创造活动越有可能成功，社会价值也越大。

第二，充分的自信心。对于创造性人才而言，自信是发挥其创造潜能的重要条件。

第三，高度的独立性。敢于坦然地对事物和关系大胆质疑，依靠自己思想去决定，不盲从，不轻附众议，不受习惯势力的限制和约束，并且不屈从于权威意见。

第四，强烈的冒险意识。任何一种创造都是一项前所未有的事业，或是前人经过努力而失败的事业。敢于在创造过程中勇敢地面对犯错误的风险，敢于正视创造过程中出现的失败和曲折，是创造性人才的典型性格。

1996 年，世界 21 世纪教育委员会提出创新型人才的标准：

第一，有积极进取的开拓精神；

第二，有崇高的道德品质和对人类的责任感；

第三，在急剧变化的竞争环境中，有较强的适应能力和创造能力；

第四，有宽厚扎实的基础知识，有广泛联系实际和解决实际问题的能力；

第五，有终身学习的本领，适应科学技术综合化的发展趋势；

第六，有丰富多彩的个性；

第七，具有和他人协调及进行国际交流的能力。

2006 年 6 月 5 日，胡锦涛同志在中国科学院第十三次院士大会和中国工程院第八次院士大会上的讲话中，对于创新型科技人才的特征做了精辟的概括。他说：

在当代中国，要成为一名创新型科技人才，应该具有以下主要素质和品格。

一是具有高尚的人生理想，热爱祖国，热爱人民，热爱科技事业，努力做到德才兼备，坚持在为祖国、为人民勇攀科技高峰中实现自己的人生价值。

二是具有追求真理的志向和勇气，坚持解放思想、实事求是、与时俱进，保持强烈的创新欲望和探索未知领域的坚定意志，对新事物新知识特别敏锐，敢于挑战权威和传统观念，为追求真理、实现创新而勇往直前。

三是具有严谨的科学思维能力，掌握辩证唯物主义的思维方法，善于运用科学方法和科学手段，坚持终身学习，不断更新知识、夯实理论功底，构建广博而精深的知识结构，养成比较全面的科学文化素质。

四是具有扎实的专业基础、广阔的国际视野、敏锐的专业洞察力，能够准确把握科技发展和创新的方向，善于对解决重大科技问题提出关键性对策。

五是具有强烈的团结协作精神，善于组织多学科的专家、调动多方面的知识，领导创新团队在重大科技攻关和科技前沿领域取得重大成就。

六是具有踏实认真的工作作风，淡泊名利，志存高远，坚忍不拔，不怕艰难困苦，不畏挫折失败，勇于在科技创新的实践中经历磨练，不断攀登科学技术高峰。

欲知创新型人才成长之秘密，就要行动起来，在实践中探索感悟。

"道虽迩，不行不至；事虽小，不为不成"。(《荀子·修身》)大意是说，再近的路，不走也不能到达；再小的事，不做也不可能完成。我们就用这段话作为本文的结束语吧。

做"勇于思考、勇于探索、勇于创新的闯将"

邓小平同志的人才观，至少有两个重点。一个是培养"四有"新人，即有理想、有道德、有文化、有纪律。这方面的学习资料已经比较多了。还有一个重点是倡导"勇于思考、勇于探索、勇于创新"的精神。学习和落实邓小平同志的人才观，既要讲"四有"，还要讲"三勇"。

1978年底，邓小平同志在《解放思想，实事求是，团结一致向前看》中提出："干革命、搞建设，都要有一批勇于思考、勇于探索、勇于创新的闯将。没有这样一大批闯将，我们就无法摆脱贫穷落后的状况，就无法赶上更谈不到超过国际先进水平。"这个重要论断，总结了革命和建设的经验，吹响了改革开放、赶超国际先进水平的号角。实现宏伟目标需要闯将，不是一两个，而是"一大批"。

改革开放，春回大地，中国特色社会主义事业高歌猛进。1992年，年近八旬的邓小平同志兴致勃勃地视察南方，并再次指出："看准了的，就大胆地试，大胆地闯。深圳的重要经验就是敢闯。没有一点闯的精神，没有一点'冒'的精神，没有一股气啊、劲啊，就走不出一条好路，走不出一条新路，就干不出新的事业。"（《邓小平文选》第3卷第372页）"闯的精神"与前面说的"闯将"完全一致，是邓小平同志人才观的鲜明特色，富有强大的生命力，激发起广大人民的奋斗豪情。这已被改革开放以来快速发展的事实证明。

邓小平同志的人才观，对干部教育、学校教育都具有重要的指导意义。人才观是教育改革与发展的龙头。先要明确要培养什么样的人才，然后再来选择教育的方式方法。可以说，教育观是服务于人才观的。教育工作者和学习者都要认清时代需要的人才的特点，才能够方向明，动力足。

一、"四有"与"三勇"是统一的

"四有"是对全民素质的基本要求，全体人民都应该如此，"三勇"则是在"四有"基础上的优秀人才、栋梁之材的品格特征。

有理想。今天谈理想就离不开改革创新。建设中国特色社会主义是前无古人的创造性工程，改革是中国的第二次革命。世界风云激荡，挑战与机遇并存。树立崇高理想就要把个人命运同祖国的命运结合起来，同全面推进改革，实现社会主义现代化结合起来，有强烈的事业心和责任感，有开拓创新的动力、意志和激情，才能不负时代，成为栋梁之材。

有道德。我国历史上曾有公德与私德之辩。梁启超认为："人人独善其身者谓之私德，人人相善其群者谓之公德"，"公德之大目的，既在利群。"（《新民论》）他强调，偏于私德而忘公德，会使国家衰落。事实正是如此。历史上，谨言慎行而无力报国、碌碌无为的谦谦君子确有不少，留下来的教训也是十分沉重的。

《新时代公民道德建设实施纲要》提出："坚持以社会主义核心价值观为引领，将国家、社会、个人层面的价值要求贯穿到道德建设各方面，以主流价值建构道德规范、强化道德认同、指引道德实践，引导人们明大德、守公德、严私德。"

立德包括的方方面面不可偏废。但首要的是明大德，明大德方可成大业，理想信念是社会主义建设者之大德。在道德教育中，切不可宣扬无功之德。人民需要的是能够开拓创新、建功立业、利国利民的有大德的人才。

有文化也离不开创新。说传统，革故鼎新、与时俱进是中华文明永恒的精神气质，代代相传，铸就辉煌；说现代，科技革命迅猛发展，知识经济应运而生——知识经济是创新型经济，指的是知识创新能够形成新的生产力。这些都为文化建设注入了新的内容。倾听时代的呼声，用先进文化武装自己，才能成长为社会栋梁。

有纪律最重要的是听党的话，坚决贯彻党的路线方针政策，现在党要求我们全面推进改革创新。忠不忠，看行动，能者上，庸者下，"不搞创新，只搞创收"和为非作歹者，必将受到惩处。纪律是保护改革创新的"防护堤""高压线"。

教育工作者要学习和贯彻邓小平的人才观，深入探讨"三勇"的内涵和培养的路径，是时代交予我们的新课题。

二、深刻理解"三勇"的意义

（一）勇于思考

勇于思考就是要坚持解放思想、实事求是的思想路线，积极地开动脑筋，不迷信、不僵化、不当思想懒汉。古人说，多思必有所得。新时期的优秀人才更应敏锐地感知新信息，发现新事物，不断地突破陈旧的僵化的观念和思维方式，想前人之所不敢想，才可能为前人之所不能为。邓小平同志说："在党内和人民群众中，肯动脑筋、肯想问题的人越多，对我们的事业越有利。"（《邓小平文选》第2卷第143页）解放思想就是激发亿万人民活力的法宝。

如何动脑筋、想问题？重要的是强化思维的独立性和科学性。

"独立思考"的概念已经很长时间不讲了，当年有人因为倡导独立思考而被打成另类。改革开放以来，邓小平同志一再提倡独立思考。他对十一届三中全会的路线的解释是"解放思想，实事求是"，而在1988年5月又曾讲过它是"解放思想，独立思考"。（《邓小平文选》，第3卷，第260页）看来，两种表述的意义是一样的。独立思考与实事求是紧密关联，互为表里，直接的意义都是在反对僵化，面向实际，勇于创新。

思维的独立性与创新性的关系，是个非常有意思的课题。独立思考不一定就能创新，但是所有的创新都起源于思维的独立性。独立思考是成为"三勇"人才、创新型人才的起始点。与独立思考相对立的是墨守成规，盲目从众，这样的思想懒汉难以创新，终将要被历史淘汰。

审视教育现状，如今的学习者是否善于独立思考呢？

有人向中学生做调查："你与老师讨论问题吗？"结果是：能当堂与老师讨论问题的约占10%，课下能与老师讨论问题的占15%，绝大多数学生都不能与老师讨论问题。为什么呢？调查者分析原因有三：一是提问多了怕老师不喜欢；二是如果与老师的意见不一致，怕影响分数；三是老师讲得很细了，都替我们思考过了，我提不出问题了。

如此胆小拘谨的原因何在呢？这里至少有两个问题需要探究。

其一，是否与教学方式有关呢？

其二，是否与教师、家长喜爱"乖孩子"有关呢？

什么是"乖"？第一解释就是顺从、听话。乖就能受到表扬奖励，日久天长就可能养成"依赖型人格"，也称"虚弱人格"。这种人少主见，缺信心，事事顺从依赖他人，如果所依赖的人不在身边，就会产生焦虑和无助感，甚至抑郁。长辈望子成龙，本无可非议。可是，你知道龙是什么样子吗？龙会腾云驾雾啊！没有正确的教育方法，怕是成不了龙的！

接受教育、积累知识重要，但学会思考更重要。思维品质是核心素养的核心。锻炼提升思维品质，需要鼓励引导，更需要机会，需要持续推进教学方式的变革，充分发挥学生的主体作用，坚持理论与实践相结合，手脑并用，学用相长。切忌坐而论道、纸上谈兵、光说不练。

（二）勇于探索

"探"字很有意思。勘探、侦探、探海、探月等，既有奇妙神秘的色彩，又富有攻坚克难之精神。勇于探索就要有强烈的求解未知的愿望和能力，努力研究新情况、解决新问题。

探索是一种积极的人生态度。"路漫漫其修远兮，吾将上下而求索"，出自《离骚》。大意是说，面前的路程是那么长、那么远，但我已立志要百折不挠地去探寻实现理想之道。此句流传千古，励人奋进，成为中华民族优良传统的亮点。

探索是一种科学精神。学习者立志成才，当然要学习、积累科学知识，但更重要的是培育科学精神，养成探索未知、求真求新的意识和能力。人常说，兴趣是成功的引线，是成功的第一要素。这是对的。可是人的兴趣爱好多种多样，并有雅俗之分。"追星"的情趣并无益处；学习者重要的是培育热爱科学、树立探索与创新的宏图大志。

成语"一物不知，便以为耻"有过多种版本。或说是："圣人之于天下，耻一物之不知"；或说是："一事不知，以为深耻"；或说是："一物不知，君子所耻"，等等。总之，都是鼓励人们勤奋学习，探索未知，以不知为耻，切不可惯于盲从、安于愚昧……

（三）勇于创新

从字面上说，提出新思想，想出新办法，做出新成绩，都是创新。或者说，创新就是除旧更新。关于创新的重要性不必再多说，这里要探讨的是，为什么强调创新需要有勇气呢？因为，除旧更新必然会遇到多方面的阻力，所以需要有冲破阻力的勇气；新生事物的成长可能遇到挫折，所以需要有坚持不懈的勇气。

创造心理学中有一章"克服妨碍创造的因素"。这个标题引人注目，此中大有文章可做。最重要的就是克服保守思想。回顾改革开放的历史，分析现实的社会状况，就能发现安于现状、思想懒惰、惧怕变革、墨守成规的现象，似乎到处可见。"凡事莫当前""莫做出头鸟""出头的椽子先烂"等谚语到处流传。办事总是怕风险、怕竞争、怕冒尖，一个"怕"字，不知压垮了多少人；自己不敢弃旧，却好对旁人的创新指手画脚，这也不好，那也不对，冷嘲热讽不知挫伤了多少新生事物。就像鲁迅先生当年所嘲讽的那样："于旧状况那么心平气和，于较新的机运就那么疾首蹙额；于已成之局那么委曲求全，于初兴之风就那么求全责备。"（《华盖集·这个与那个》）冲破这些有形和无形的障碍需要改革，改革需要勇气。

谈创新就不能回避如何对待挫折的问题，因为挫折是不可避免的。就像孩子学走路、学骑车，没有不曾摔跤的一样。如今是激烈竞争的时代，竞争是强者的机遇，但也可能是弱者的祸难。为了迎接各种挑战，培养创新型人才要把挫折教育放到更重要的位置，努力强化人的心理素质，历练刚健有为的品格。愈挫愈奋，再接再厉，才可能逆流而上。

邓小平同志说："看准了的，就大胆地试，大胆地闯。"建设中国式的社会主义，"就是要有创造性"。（《邓小平文选》，第3卷，第732页）否则就走不出新路，干不出新的事业。启示我们，创新的意识和能力关系着事业兴衰之大局。

当前世界风云激荡，建设社会主义现代化强国，实施创新驱动发展战略，必须紧紧抓住科技创新这个"牛鼻子"。关键技术是买不来的，解决"卡脖子"问题，才能在科技战中立于不败之地。事业的发展，形势的变化，呼唤有更多的学习者在科技创新的征途中建功立业。

三、学习邓小平同志的革命风格

勇于思考、勇于探索、勇于创新是邓小平人才观的亮点，也是他本人的风格特征，他就是"三勇"式的领导者。学习邓小平理论，包括学习他的革命风格，努力按照邓小平同志的风格做人做事。

2014年，习近平总书记在纪念邓小平同志诞辰110周年座谈会上的讲话中说：

"我们纪念邓小平同志，就要学习他不断开拓创新的政治勇气。开拓创新，是邓小平同志一生最鲜明的领导风范，也永远是中国共产党人应该具有的历史担当。"

"综观邓小平同志70多年的革命生涯，可以清楚地看到，他身上始终洋溢着一种革故鼎新、一往无前的勇气，一种善于创造性思维、善于打开新局面的锐气。"

中国特色社会主义是前无古人的伟大事业，改革开放和社会主义现代化建设还有很长的路要走。我们要学习邓小平同志敢于开拓创新的政治勇气，细心观察新的实践和新的发展，尊重群众的首创精神，把开拓创新作为一种常态，不断用发展着的马克思主义指导新的实践，又从实践中做出新的理论概括，敢破敢立、敢闯敢试，义无反顾地把改革开放不断向前推进。

学习和历练开拓创新的勇气、锐气，才可成为能够担当民族复兴重任的时代新人。

习近平总书记对青年寄予厚望。2013年5月，他在同各界优秀青年代表座谈时强调指出："生活从不眷顾因循守旧、满足现状者，从不等待不思进取、坐享其成者，而是将更多机遇留给善于和勇于创新的人们。青年是社会上最富活力、最具创造性的群体，理应走在创新创造前列。"

建设社会主义现代化强国的伟大事业，呼唤着创新人才，同时也为这种人才的成长开辟了广阔天地。我们生活在新事物、新业绩不断涌现，百舸争流、人才辈出的时代。教育工作者要倾听时代的呼声，大力更新教育观念，调整人才规格，变革育人模式，努力培育出无愧于时代的优秀人才。